気持ちにそぐう言葉たち

目次

清流出版

目次

本文イラスト　くすはら順子
装幀　中川健一

気持ちにそぐう言葉たち

はじめに

気持ちで感じていることと、言葉に表わされたこととの間には、かなりな隔たりがある。

例えば、納豆を食べる。醤油もなにも加えず、食べてみる。その味を、どう表わしたらいいのか。辛いのでもなく甘いのでもなくすっぱいのでもない。しかし、無味というわけではない。舌に感じるものは、柔らかく、しかも喉の奥のほうに、何かの刺激もある。何よりも、粘る。口の中で粘る。その粘りはしかし、心地よい。鼻に回って、匂いもある。刺激的で、あまりうれしくないかもしれないけれど、懐かしいような香りでもある。

そのような、口の中の感覚を、言葉で表わそうとしても、難しい。強いて言うとすれば、納豆を食べたときの味、としか言いようがない。

感覚には、さまざまなものが混じっている。それらが同時にやってくる。多分、脳内で意識され、そうして、ある感覚をうる。しかし、それを言葉にできない。困る。

人間は、そのような微妙な感覚を、言葉に表わすことで歴史を作ってきた。人類の歴史は、結局、そのような事柄の集積である。そのことは、図書館へ行けばわかる。

地上にはさまざまな言語があって、人々はそれぞれの言葉で、それぞれの感覚を表現しようと苦心してきた。私たち、日本人も、日本語を使って、どうしたら、この気持ちをきちんと素直に言い表わせるのか、努力してきた。

日本語には、そこに、擬音語、擬態語という、とても便利なものがある。でき合いの言葉では言えない、隙間を埋めるための言葉。気持ちの海のなかに浮かぶ言葉という島と島の間に、さんご礁のように浮かぶ、ぼんやりとした、表現されるもの。

そのようなものを、採集してみた。

平成二十一年三月吉日

金田一秀穂

うとうと　うつらうつら　うっとり

「春眠《しゅんみん》 暁《あかつき》を覚えず」という漢詩がある。暖かくなって眠たくなる季節である。昼過ぎに、日当たりのいい窓際などで薄らぼんやりしていると、つい眠くなる。昼寝したいときに都合のいい言葉でもある。

しかし、よく考えると、「暁を覚えず」というのだから、朝のことである。夜の明けるのも気づかずに寝過ごしてしまうということだ。そのほかの季節は、夜が明けるのを見ていたということだから、昔の人は早起きだったことがわかる。中国人の特性なのかもしれない。朝寝というのは日本であれば冬の季語になりそうで、暖かい布団から抜け出すのがいやで、思わず二度寝したくなる。朝寝は冬こそが気持ちいい。

そこへいくと、昼寝は春である。うつらうつらとする。うとうととする。大変気持ちいい。

「うつらうつら」というのは、「うつつ」という言葉がもとになっている。「うつつ」の意味はそれでは何か。なんとなく、夢まぼろしというような気がするけれど、それは間違い。

「夢かうつつか」という言葉があって、夢であるのか現実のことであるのかわからないという意味であり、ここでの「うつつ」は「現実」のこと。「うつつを抜かす」といえば、現実を忘れて、どうでもいいようなことに夢中になってしまうこと。『日本書紀』の頃はそういう意味で使われていたのだが、後世室町時代ぐらいになって、「夢うつつ」というところから誤用が始まり、非現実の意味であると思われるようになった。

「うつらうつら」も、この誤用の意味から発展してきて、ぼんやりとした状態をいう。ただ、「うとうと」と違うのは、「うつらうつら」のほうが、いくらか覚醒の状態が混ざること。寝ている状態と覚めている状態が交代で訪れるようなときにいう。

隣の家の犬がキャンキャン鳴いていたり、テレビの司会者の声がなんとなく聞こえてきているような状態で、しかし、はたから見たら明らかに寝ているような状態が「うつらうつら」である。したがって、テレビを見ているお父さんがうつらうつらしているようなときに、チャンネルを勝手に変えようとすると、「今見てたんだぞ」と怒られることになる。見てなかったじゃないか、寝てたじゃないかと言っても、本人には、なんとなく聞こえていたのだから仕方ない。寝てるつもりはなかったのだ。

「うとうと」は、眠ってしまっている。暖かな電車の中で、定期的なリズムに揺られ、首が横にたれてきて、隣に座っている人の肩に寄りかかってしまう。「うつらうつら」としてきて、首がかくんと落ちて、はっと気づく。その落ちる寸前が「うとうと」なのだ。「うとうと」と似た言葉で、「うっとり」というのもある。

こころを奪われ、ぼうっとしている様子のこと。今は、美しいもの、きわめて魅力的なものに対して恍惚としている、という意味で使われる。これも、たぶん、「うつつ」のまぼろしの意味、つまり誤用から出てきた言葉ではないかと思う。「うつ」とか「うと」には、現実から遠ざかるというような意味があるのだろう。

のびのび　のんびり

ゆとり教育というのがあって、見直しが始まっているとか。ゆとり教育のせいで学力低下が著しいということらしい。

ゆとり教育と学力低下の間に相関があるのかどうかわからないのだが、よしんばそこに関係があるにしても、そもそもゆとり教育は、学力至上主義からの脱却を目指したものではなかったのか。学力低下を見越したうえでのゆとり教育であったと思う。

教育は一〇〇年の計であり、そんなにころころ変えられても困る。一度決めたことは、少なくとも三〇年ぐらいは続けて欲しい。

いいではないか。のびのびと個性を育て、学力ではないいろいろなことによって人間の価値を決めていく。お勉強だけがその人間の良し悪しを決めるものではないということを、五十歳を過ぎた人間はみんな知っている。もう少し、ゆとり教育を続けて欲しい。そういう余裕を日本も持つべきなのだ。

のびのびと育って欲しい。たいていの親ならそう思って子育てを始める。いつのまにか塾へ通わせ、英会話を習わせ、学校の成績だけが関心事になってしまう。責任は子どもにではなく親にある。

のびのび、というのは、伸び伸びと書くことからもわかるように、いわゆる擬態語ではなく、畳語《じょうご》という。動詞を繰り返すのは、「考え考え話す」とか、「歩き歩き食べる」などと同じ作られ方なのだが、意味や使われ方は擬態語と同じく、「のびのびと育つ」というふうに、「と」を伴うことができる。

辞書には、何の障りもなく伸張する、とある。「障りもなく」というところに眼目がある。何かに妨げられず、枠に規制されることもなく、思いのままに心や体を伸ばす。猫が陽だまりであくびをするとき、全身で伸びをすると、こんなに大きかったかとびっくりする、あのように、伸びる。小さな子どもが大人の前で物怖じすることなく、躍りながら大声で歌を歌ってくれる。のびのびである。

大人は社会的規制の枠にがんじがらめにとらわれている。社会的な枠がなくても、すぐに自己規制してしまう。ちっとものびのびしていない。

それでも、昔の日本人に比べれば、今の若者はずっとのびのびしているように見える。水泳で金メダルを取った北島康介《きたじまこうすけ》君は、「超気持ちいいっ」と言ったけれど、それをとがめる声はわずかだった。のびのびしていた。数十年前アメリカから来た野球コーチが、「アメリカ人は成功したらうれしいことが待っていると思ってプレーするが、日本人選手は、失敗したらどうしようと、そればかり考えてプレーしているようだ」と言った。見事な比較文化論だった。

そして、のんびりする。心身ともにくつろいでゆったりとする。これは、日常の忙しさがないと味わえない。生まれてから死ぬまでのんびりとするわけにはいかない。普段緊張を強いられる生活があるから、その合間のゆっくりした時間が、のんびりと言えるようになる。

そうなのだ。規制があるからのびのびすることが逆にできる。というか、のびのびの裏には、束縛の存在が前提とされている。のんびりの裏には、緊張が厳然としてある。

そういう、いやなことなしののびのびは野放図といわれ、つらいことなしののんびりは、のんべんだらりという。いずれも、いいことではない。なんにもなしの自由を表わすいい言葉が日本語にはない。

しみじみ日本人である。働き蜂で、まじめで、余裕がない。いつまでたってもゆとり教育を認められない。やれやれ。

しとしと しっとり

雨がしとしと降る。ざあざあ降るというのとは違う。もっと静かに降る。しみとおるように柔らかく降る。万物を湿らせ、表面から水がしみこんでいく。包み込むように降るのである。梅雨時の雨にふさわしい。

日本に梅雨があるように、熱帯へ行くと乾季と雨季があるといわれる。しかし、熱帯の雨期はどうも日本の梅雨とは違う。

インドネシアを雨期に訪れたことがある。昼間はしかし、抜けるような明るい青空なのである。どこが雨期なのかと思っていると、夕方に必ずスコールがやってくるのだ。これがまた派手なのだ。急に黒雲が押し寄せてきて、どっと降り出し、めりめりばきばきと雷が落ちてくる。かなり高級なホテルに泊まっていたのだが、避雷針に落ちるのであろう、必ず全棟が停電になる。一時間もするとぴたりと上がる。気分としては夏の夕立のような暑気払いである。道がぬかるんだり、市場が水浸しになったりするけれど、人々は慣れたもので、木の板を通路に敷いて、あまり困らない。シャワーというのがよくわかる。お湯のような温かい雨である。裸になって体を洗ってもいいという気になる。そんな国で日本語の「しとしと」を教えようとしてもなかなか理解されないであろうと思われた。

しとしとの国である日本人は、なぜか湿っている。これに気づいたのはニューヨークでのことだった。街角で、向こうから歩いてくる人の国籍がわからない。中国人なのか韓国人なのかわからない。でも、日本人はすぐにわかる。なぜか、濡れているのだ。からりと乾いた空気の中にあって、日本人の駐在員や旅行者は、なんだか濡れているのだ。汗をかいているわけではない。雨に濡れたのでもない。しかし、顔から水分がにじみ出てきているのだ。

アメリカにいるからそうだというのではないだろう。日本にいても、きっと私たち日本人は、身体から水分を分泌し続けているのではなかろうか。それが証拠に、長くアメリカで暮らしている日本人は、ひとしなみ皮膚がかさかさになり、顔の表面に薄いパラフィンをかぶせたような顔になるような気がする。乾燥した空気の中では、中の水分を守るために、そうならざるを得ないのではなかろうか。日本人の顔はしっとりとしているのである。

しっとりとしているというのは、しかし、湿り気だけのことではない。しっとりと話す、というように、落ち着いている、しめやかで気持ちよい、というような意味になる。

餅つきの杵を握るとき、思わず手に唾をつけて握る仕草をする。そうすると杵を持つ手が滑らない。アメリカ生まれの野球は、バットを握るときに、ロージンバッグという滑り止めをてのひらにまぶすけれど、あれは乾燥剤であって、湿気をむしろ取ろうとする。

握ったものが滑らないようになるというのは、文化的な気分の違いではないと思うけれど、しかし、文化なのではないかと思ってしまう。

湿っていなくてはいけない。それが日本人の文化的な心性なのだろう。

じとじと じっとり

日本は温帯に属していると社会科で習った記憶があるのだが、夏になると、温帯ではなく亜熱帯なのではないかと思ってしまう。毎夏私の大学には台湾から日本語教師たちが勉強しに来るのだが、彼らに聞くと、東京は台北とあんまり変わりません、などと言う。もっと涼しいと思ったのに、とがっかりした様子である。がっかりされても困る。私たちだって、うんざりしているのだ。

何が変わらないかというと、暑さに伴うこの湿気である。冷房の利いた建物から出たとたん、メガネが曇ることさえある。冬の夜に暖かいラーメン屋に飛び込むようなものである。東京の屋外は夏の間、繁盛しているラーメン屋の厨房と化している。どこかで麵をゆでるための巨大な鍋が煮立っているに違いない。蒸気が立ちこめている。

じとじとしている。何から何までじとじとしている。

しとしと雨が降るのは、見ていてそんなに悪いものではない。しかし、じとじとしているのは不快である。しっとりと濡れているのは落ち着いていて上品でさえある。じっとりとしているのは、蒸し暑く、汗くさい。

清音であれば、悪くないのだが、濁音になると、評価が低くなる。マイナスイメージが強くなる。日本語の語感には、どうもそういう性質があるらしい。きらきら光る太陽は明るく爽快なだけだが、ぎらぎら光る太陽は、紫外線が強くて皮膚ガンを誘発しそうだ。けろけろとげろげろ、さらさらとざらざら。いずれも濁音のほうが分が悪い。

そもそも濁音というのは日本語になかったという説がある。百人一首の取り札を思い出して欲しい。濁点のついたものはない。「たたありあけのつきそのこれる」と書いてある。「ただありあけのつきぞのこれる」と読む。濁音は、口に出すときにだけ現われた。つまり口語的、話し言葉的であり、俗っぽかったのである。そういう俗な音は、特別な意味になりやすい。

ただ、「じっとり」が悪い意味、今普通に使われるような汗ばんだ意味に使われるようになったのは、比較的最近のことのようで、明治時代に漱石などに初出記録が残っているだけである。それ以前の意味は、ゆっくりと落ち着いている様子や、しとやかで静かで落ち着いた様子を表わしていたらしい。

一六世紀の『玉塵抄《ぎょくじんしょう》』に「物をととのえてじっとりとするには礼を以てせいではぞ」とある。礼がなければ落ち着いて物を整えることはできない、という意味だろう。『*浮世風呂』にも「あまりはすはではないじっとりとした女子が有たら世話してくだんせ」というのがある。蓮っぱでなく汗ばんだ女の人がいいと言っているわけではなくて、しとやかな女の人がいいと言っている。

昔の文章に触れると、多少の間でも、じとじと、じっとりとした感覚を忘れることができるような気がする。昔に比べると、やはり地球の温暖化が進んでいるのだろうか。

＊一八〇九～一三年に発行された滑稽本。江戸町人の社交場であった銭湯における会話を通じて、庶民生活の種々相が描かれている。

さくさく　さっくり

擬音語、擬態語の類は、新しく作ることもできる。それが話し手の気分に合っていれば、たくさん使われるようになる。聞いていて気持ちよければ、それを聞いた人がまた使う。そうして、新しく日本語に語彙が増える。

さくさく、というのは、最近よく使われるようになった言葉である。本来は、さくさく切る、などと言っていた。山芋とかレンコンとか、包丁の重さだけでたやすく切れてしまうような野菜を刻むときなどである。気持ちよく、快い。軽快な音が聞こえてきそうな動作である。

これを、この頃は「仕事をさくさく片づける」とか、「インターネットがさくさくつながる」などと言う。

少し溜まった仕事があって、それをあまり労力をかけることなく、気持ちよく素早く片づけていく。見たいホームページにすぐにつながって、待ち時間が少なく、大変快適である。そのような様子を、「さくさく」と表現する。

さっくり、というのもある。私が聞くのは、やはり、仕事がらみの場面である。少し堂々めぐりになりつつある会議や、混乱してきた議論にうんざりしたときに、「さっくりまとめる意見を出す」などと言う。そういう意見は気持ちいい。

軽く、しかも歯切れがいい。鮮やかな切り口なのだ。しかも正鵠《せいこく》を射ている。

その軽やかさが、いかにも今の日本人の気分に合っている。パソコンのインターネットから広まった言い方なのではないかと思う。前例や慣例にとらわれない。人情のしがらみからも遠い。アウンの呼吸とか、お膳立てとか、裏取引とか、腹芸とか、下準備とか、落としどころを探るとか、そういう世界とは無縁である。

どろどろした人間関係というのがあって、日本人はどうもその魅力に抗しがたく、とくに団塊の世代を含むそれ以前の人々は、ポーズとしては嫌がりつつも、そういうつながりに浸かってしまう。一晩中酒でも飲んで、友だちと人生について、哲学について、日本の将来について語り明かすというのは、ひょっとすると、今でもやっている人がいるのではなかろうか。

ネット世代は、そこから遠いところにいる。彼らはネットの画面上だけの関係で十分であるらしい。未知の人と話すときは、まず、ネットで検索して、その人について知ろうとする。そこで得た情報で満足する。そういう情報がないと、不安になるのかもしれない。そのかわり、相手についての会ってから探りを入れるというような面倒なことはしないで済む。初対面時に必要だった風格とか押し出しとかは、必要とされない。

ネットの関係は、始まるのも早いのだが、あまり後を引かない。すぐに切っていい。あっさりと、さっぱりとしている。

人間関係でのにおいや触覚を必要としていない。動物ではなく、まるで野菜のようなのだ。さくさくという野菜を切る音を彼らが好んで使っているのには、そういう背景があるのではなかろうか。

しみじみ しんみり

何かが内部に染みこんでいく。表面で留まることなく、深さの感覚をもつ。ゆっくりと、しかし鋭いくらいに入っていって、やがて気持ちを染めていく。音も立てず、静かに変わっていく。

本来は、液体がものの中に含まれていくことを表わしていたのだろう。さらしの木綿に藍が染みる、という。色だけでなく、匂いも染みることがあった。『源氏物語』の「末摘花」に「手づから、この紅花を書つけ、にほはして見給ふに、さもやしみつかむと、あやふく思ひ給へり」とある。

芭蕉の有名な句、「閑けさや岩にしみ入蝉の声」では、音までが岩の中に入り込んでいく。蝉の群れの声に耳が慣れてしまい、大きな音が立っているはずなのに、とても静かに感じられてしまう。そのとき、音は岩に染み入ってしまっているのだろう。音が岩に吸い込まれていくのではなく、音が岩に、植物の根のように、侵入していく。

それが、生理的な感覚に転用されて、「心にしみる」とか、「歯がしみる」とか、「しみるような寒さ」というようになる。

じんわりと利いてくる。ゆっくりと、しかし強い。染めてしまうくらいだから、にわかに落ちてくれるほど弱くない。深いので納得してしまう。腑に落ちる。しかも気持ちはあくまでも受身である。哀しいような湿り気があるが、むしろ快い感覚である。

「しみじみ歳をとったものだと思う」などという。久しぶりに会った知人の子どもが、こんど結婚することになったから仲人をしてくれなどと頼みに来たときに言う。あの頃はお互いに貧しくて、めちゃくちゃで、子どもまで生まれちゃってどうするの、などと言いながら、それでも生まれた祝いに、ビールだけを持って、一緒に楽しんだ、あの夫婦の子どもが、もうそんな歳になったのだ。あれから自分も知人も、いろいろなことがあって、いつの間にかそんな歳になっていた。さまざま思い出すこと、考えることが多い。

しんみり、というのもある。心静かに落ち着いている。心が細やかになって、自分が小さな人間になってしまったような、快さがある。

しんみりと話し合う。二人であろう。困っていることもありながら、とりあえず幸せであることを確かめられるような会話。

どこか湿り気を感じさせる。からりと乾いていない。日本人はやはりこの湿り気が好きなのだろう。人間関係が湿っぽいというのは、古くさいと思われがちで、インターネット世代からいわせると、もっとあっさりくっきりしているほうがいいらしい。すぐにつながりすぐに切れる、それを心地よいと思うらしい。しかし、しみじみ・しんみり世代からすると、彼らのつながりは、ドライというよりも、むしろ機械のように無機的な関係に見える。それはつながりではなく、接触にすぎなかろうと思う。

秋はまだ遠い。しかし、風の音や涼しさに、秋をほのかに感じる。この夏もなんとかこせそうである。いろんなことがあったりしたけれど、とりあえず、安心である。

しみじみと秋を味わいたいと思う。

ちょきちょき　ちょっきん

床屋へ行く。大きな鏡の前にすわる。相変わらずまずい顔である。自分の顔が嫌いなので、床屋に来るのも嫌いである。落語の「鏡の内張のある箱に閉じこめられた筑波山の四六《しろく》の蝦蟇《がま》の心境」はかくやとも思える。四十歳を過ぎたら、男は自分の顔に責任を持たなくてはいけない、とリンカーンが言ったらしい。リンカーンがそんなに立派な顔をしているとは思えないし、もし本当にリンカーンがそう言ったのだとしたら、かなりナルシスト気味だったのではないかとも思うのだが、それはともかく私は五十歳を過ぎているけれど、とても責任を持てそうもない。

しかし、その言葉が、強迫観念のように頭の底にあるものだから、よけい床屋が嫌いになる。

ハサミの音がする。ちょきちょき。ちょっきん。

「ちょき」は「ちょ」と「き」にわかれる。鋼が摩擦する音が「ちょ」、切れて止まったときの音が「き」。それが何度も続く「ちょきちょき」。少しずつ刈っていく音。腕のいい植木職人がツツジの植え込みを丸く整えていくような音。

「ちょっきん」は、一回ずつ、きっちりと切る音。ハサミが輝いているように響く「ちょっきん」。よく研いだハサミの歯切れがいい音。百合の茎を切り落とすような、思い切った音。伸びた髪を一気に切り落とす音。

「短く切る」というのはどう切ることか、というのが日本語の教室で問題になったことがある。ほんの少しだけ切ることか、それとも切ったあとが短くなることなのか。床屋であれば、「短く切って下さい」というのは、短髪になることである。つまり切ったあとが短くなることである。結果というか目的というか、それを「短く」が表わしている。一方、「紐を短く切って下さい」と言われたら、ちょっと切るということだろう。切った部分が短いということである。このとき、「短く」は切るやり方、方法や手段を示している。「赤く塗る」は塗った結果が「赤い」のである。「早く歩く」は歩く方法が「早い」のである。同じように「短く切る」というのに、どうして結果と方法の二つの違いが生じるのだろうか。

すっぽりと上半身を布に包まれて、てるてる坊主のような格好をさせられて、洗髪が始まる。床屋では、前屈みにさせられる。美容院では仰向けにさせられるらしい。どうしてそんな違いがあるのだろう。「痒いところはないですか」と聞かれる。丹念に洗ってくれて、痒いところなどないことが多いけれど、もしあったら、口も手も使えない状態で、どうやって教えられるのだろう。手で示さずに場所の違いを明示することはたいへん難しい。言葉はほとんど無力である。

姿勢を変えて、マッサージもしてくれる。たいへん気持ちよい。終わって「お疲れ様でした」と言われる。疲れているのはそっちのほうだろうと思う。マッサージされて疲れていたら、それはあまり上手じゃなかったことになってしまう。「お疲れ様」というのはいい挨拶ではない。しかし、一段落ついて、何事か言いたいという気持ちはわかる。なんと言ったらいいのだろう。「終わりました」というのはぶっきらぼうであろうか。「ありがとうございました」というのは、なんだか卑屈だ。

ひげを剃ってもらう。寝椅子のように長くなる。寝そべったような姿勢をとる。床屋の親父の顔が頭の上のほうから変に近づいてきて、息がかかるほどになる。そして親父がぽつりと言う。「旦那、もうちょっと前に動いてもらえますかね」。前？　この姿勢で前？　足のほうに行ったらいいのか。親父のほうに近づいたらいいのか。それとも、首を浮かして天井のほうに動いたらいいのか。

最後の仕上げで、ハサミが入る。ちょっきん、ちょっきんと切れていく。「ハサミ」といっても、挟むだけのモノではない。切らなくてはいけない。洗濯バサミは、切るための道具ではない。裁《た》ちバサミというのもある。布などを裁つためのハサミである。紙バサミというのは、紙を挟むだけのクリップのようなモノだろうか、それとも切断するための道具であろうか。

床屋ひとつへ行っても、いろいろなことを考えなければならなくなる。すっかり疲れて、お金も払わされて、結局たいして変わり映えのしない、妙に涼しい顔になって、街を歩き出す。恥ずかしい。早く伸びて、いい加減な髪型にならないだろうかと、それだけを望んで帰宅する。

じわじわ　じんわり

この夏、温泉にばかり入っていたような気がする。そう言うと、うらやましい身分だと思われるかもしれないが、休みに行っていたわけではなくて、講演や大学関係の仕事で行ったところがたまたま温泉場だったということなのだ。能登の和倉から始まって、紀伊勝浦、花巻、繋《つなぎ》、伊豆大仁《おおひと》、草津、那須。まあ、温泉はないよりあるほうがいいから、それでいいのだけれど、ほかにも、仕事で行ったところはあって、そこでも温泉にぶつかった。八ヶ岳の小淵沢《こぶちさわ》には、何年か前にカラ松林の真ん中を掘って作った温泉があった。河口湖にもいつの間にか温泉ができていた。ここ数年、日本中から温泉が出ているようだ。驚いたのは大阪の町中のホテルに泊ったときで、このホテルにも温泉が引かれていた。大阪は気づかぬうちに温泉場になってしまったのだろうか。

いろいろ悲しいことや困ったことがあるけれど、「日本人には風呂がある」というコマーシャルコピーが流行《はや》ったことがある。そうなのだ。日本人は風呂が好きなのだ。湯船に浸かって身体を伸ばして温まる風呂が大好きなのだ。以前アメリカに住んでいたとき、日本のことで恋しいことはひとつもなかったけれど、大きな湯船だけは恋しかった。つくづく、風呂はいい。シャワーだけで済ませてしまう最近の若い者たちが信じられない。

この夏の温泉地めぐりの結果、いろいろなことがわかったのだが、最も身体に効きそうだったのは、草津だった。草津は、初めてだった。共同浴場がたくさんあって、何軒かはしごができる。有料のも無料のもあるけれど、情緒があるのは無料の小さな狭い風呂である。六人ぐらいが入れるだろうか。そして、これが熱いのだ。とくに朝風呂は熱い。

身体を沈めることが、まず難しい。高原なので夏でもいくらか身体は冷えている。起きぬけだから、半分眠っている。そこで、ゆっくりゆっくり、なるべく波を立てぬようにして、足の先から入れていく。身体の周りに少し冷めたお湯がまとわりつくように、新手の熱い湯に触らぬように、静かに静かに入る。じっと動かないようにする。木の湯船から、ゆっくりとしかし音を立てて、光る湯が流れ出す。

じわじわ、というのは、こういうときのことだ。じわじわと身体の中に熱がしみ通っていく。温泉の成分が、身体中に攻めてきて、浸透してくるような感覚。身体中がイガグリになる。

あまり熱いと、そのうち、皮膚の感覚が麻痺するのではないかと思う。妙に身体が冷たくなったような、ひやひやした感覚になる。あれれと思っているうちに、しばらくすると、また熱さの感覚が戻ってくる。じわじわ。

熱い風呂は人を饒舌にさせるのだろうか。やたらおしゃべりなオジサンが、一人か二人、必ずいる。どこから来たのか、仕事で来たのか、いつ帰るのか、他の共同浴場はどうであったか。我慢していると、思わずしゃべりたくなるものらしい。しゃべることで気を紛らわす。人見知りの私も、思わず受け答えする。じわじわ。

硫黄の匂いが柔らかい。湯の表面が光っていて、反射して天井にも光がゆらゆらゆれている。あまり湯を動かさないで欲しい。じっとこの瞬間を耐える。じわじわ。

やがて熱さに耐えられなくなって、静かに、他のお客さんに迷惑にならないように、ゆっくりと上がる。粗末な引き戸を開けて外に出て、つっかけの音をさせて、坂道を歩く。古い昔の旅籠《はたご》屋のような旅館が並ぶ。町中に硫黄の匂いが立ち上っている。温泉まんじゅうや土産物屋の間の狭い路地を歩きながら、お湯の余韻を味わう。じんわり。

宿に帰っても、仕事をしても、ぬくもりが残る。糊のきいた冷たいシーツの寝床に入っても、まだ身体がぬくもっている。じんわり。

草津よいとこ一度はおいで、お湯の中にも花が咲く、という歌がある。お医者様でも草津の湯でも、恋の病は治りゃせぬ、と続く。昔草津は、性病患者の多いところだったという。確かに、皮膚に直接刺激を与えてくるこのお湯は、そういう病気にも効きそうに思われる。湯の中に咲いたのはいわゆる湯の花ではなく、皮膚病患者の包帯だったのではないかという恐ろしいような説を、大槻文彦《おおつきふみひこ》という昔の偉い学者が書いている。熱いお湯に入ることで、無理やり治そうとする。熱ければ熱いほど、効きそうな気がする。そう思って昔の人は、お湯を揉んで、むりやり入る。お湯にのぼせて、気を失うような人もいたらしい。

そういう乱暴なお湯の入り方は、今はない。今の草津には、そんな暗さは微塵もない。じわじわじんわりと、ひからびた身体の中に地球のエネルギーを取り込む場所である。

これで仕事がなければ、極楽だったのだが。

わさわさ

年末には、買い物をするのが恒例である。今は二四時間営業の店がごく当たり前にあるので、正月三が日だといっても、食べ物に困るということはなく、年末に特別の買い物をしなくてもいいのだけれど、しかしデパートの地下街、いわゆるデパ地下に行くのが趣味になっている。わさわさと買い物をする。家人が家の掃除をしている間、電車に乗って出かける。

人込みが好きなわけではない。特に都会の朝の満員電車は、日本人の不幸を凝縮したような顔が並んでいて、息苦しくなる。なぜあんなに疲れた顔をしているのか。憂鬱そうな顔をしているのか。そんなに働くのが辛いなら、家で寝ていればいいではないか。もう少し楽しそうな顔をしていられないものだろうか。しかし、まあ、そうもできない。

デパ地下の混雑は、しかし、朝の満員電車の憂鬱さがない。背広のオジサンが少ないせいなのか。忙しそうであるけれど、華やかである。わさわさ。大勢の人が、いろいろと動き回っている。

デパートの地下街には、食べ物があふれかえっている。この階を独り占めして立て籠るようなことがあったら、いったい何日ぐらい生きていけるものなのだろうかといつも夢想する。早く傷むものを先に食べなければならないだろう。最初は刺身類、野菜や果物を消費していくことになる。しかし、出来合いのおかず類も、早く食べなくてはならない。ケーキやパンも、すぐにまずくなりそうだ。一週間で、大抵のものはおいしくなくなるだろう。すると残った日々は、佃煮やおせんべいなど、辛いものばかりになるのだろうか。それは少し困る。血圧が高いのでたいへん困る。

昔の中国に杞《き》という地方があって、この村の人は恐ろしく心配性だった。心配性のあまり、大空が落ちてくることを心配して毎日暮らしていたという。そこから杞憂という言葉が生まれた。心配しなくてもいいことは心配しなくてもいい。まして、本当に困ったことが起きる前から、困らなくてもいい。私がデパートの地下街に閉じこめられて何か月も一人で暮らさなければならないような不幸というか幸運というか、そういうことの起きる可能性はきわめて低い。しかし、杞憂する楽しみというものもある。

地下街には、安いものも並んでいるけれど、極めて高価なものもある。一〇〇グラム一万円とかいう松阪牛とか、一切いくらするのかわからないような大トロの刺身などがある。あれはいったい誰が買うのであろうか、不思議で仕方ない。

若いときには、食べたくて仕方なかった。見ているだけで生唾が出るほどだった。だから、買える人のいることが少々悔しかった。いつか自分のお金が自由に使えるようになったら、買ってやろうと思っていた。

いつの間にか、歳をとって、依然として高いことに変わりないけれど、一〇万円くらいの宝くじが当たったら買ってもいいかなと思える立場になって、しかし、いざそうなってみると、実はあまり食指が動かない。高血圧のせいか、なんなのか、脂ののったぎらぎらした肉やマグロが、以前ほどおいしそうに見えなくなってしまったのだ。医者にも止められている。霜降り肉より鳥ササミのほうが、大トロよりもシャケの切り身のほうが、おいしく思えてくることさえある。

おいしく食べられるときには高すぎて食べられない。買えるようになったときには既に身体が追いつかない。なんということか。腹立たしい。

年に一度、好きなだけ好きなものを買ってきていいことになっている。許可が出る。カードを使って、手当たり次第、買うのだ。出来合いのおせちの材料。中華の総菜。サラダ。ローストビーフ。カニ。わさわさ。忘れちゃいけない年越しそば用のソバと天ぷら。ケーキ。パン。わさわさ。それぞれの袋をいっぱい持っていて、その数はどんどん増えていく。わさわさする。指が痛くなる。人込みを抜けるのに、荷物がじゃまになる。わさわさしている大勢の人に酔う。

私の一番好きな季節は、実は一二月。世間の人が忙しげに動き回っているのを、喫茶店の窓からぼんやりと眺めること。窓際に陣取って、ぼんやりと温かなコーヒーを飲む。何も情報量のない会話をマスターとしながら、ぼんやりする。

たくさんの袋を抱えて、席に着き、今日の成果を反芻しつつ、タバコを吸う。すっかり満ち足りた気分。これで数日は食べ物に困ることはないであろう。飢えずに済むであろう。あ、いかん。台所用洗剤を頼まれていたのに忘れてた。心が少しわさわさする。ま、いいや。忘れたことにしよう。ひとつ忘れても、天が落ちてくるようなこともあるまい。

わさわさするのも、今だけ。すぐにお正月。

ハックション　フェックショーイ

くしゃみをする。

日本人でも外国人でも、風邪を引けばくしゃみをする。同じくしゃみなのだから、みんなハックションとしているかというと、そうでもない。英語では、アウチッ、とくしゃみをするらしい。中国では、アッチ、韓国では、エッチとくしゃみをする。どうやら、ハックション、というのは日本人だけのようだ。他と比べて華々しく、景気がいい。あまり喜ぶべきことではないとも思うが。

口から出す音であるが、言語音ではない。仕方なく出してしまう生理的反射音である。だったら同じであるべきではないかと思うが、言語によってそれぞれである。赤ちゃんのときはどの国の子も同じような可愛らしいくしゃみをする。大人になってくると、それぞれの違いが現われてくる。つまり、それぞれのくしゃみの音を人は学ぶのである。日本人は、くしゃみの音はハックションであると教えられて、それでいつのまにか、ハックション、とするようになる。生理的反応でありながら、ある程度学習された部分があり後天的に異なってくるという点で、言語音に近い。

人によっては、フェックショーイ、というように派手に唾を飛ばしながらする人がいる。いかにも気持ちよさそうである。そうしてから、フェーイというように、溜息のような音を付け加える人がいる。なんだか、憂さ晴らしのようであり、日頃のストレスの幾分かは、あれによって解消されているのではなかろうか。

くしゃみを昔は、鼻をひる、といった。屁をひる、などというときの「ひる」である。なんだか品が悪い。それを「くさめ」というようになった。幸田露伴は、くしゃみの音からきた言葉であろうという。そうすると昔の人は、ハックションではなく、クサメ、と言っていたことになる。なるほど音は似ている。柳田國男はくしゃみをカミからの悪い知らせと考え、自分で唱える魔除けの言葉として使う「糞喰《くそは》め」が変化したのではないかという。確かに、くしゃみをしてから「ちくしょー」と言うオジサンが昔はいたものだ。幸田露伴も柳田國男も大学者だから、私などがどちらが正しいと小賢しく判定できない。

くしゃみは恥ずかしいことである。少なくとも若い女性にとっては、慎むべきことである。静かにしていなければならない厳かな場では、くしゃみは許されない。厳粛な場にふさわしくない。気がゆるんでいるように思われる。だから、我慢する。我慢する、というより、くしゃみが出ないように、鼻をつまんだりして、出ないように調整する。調整可能な生理的反応である。しかし、調整してしまうと、何となく欲求不満になる。あまりうれしくない。

話し相手がくしゃみが出そうになっているのに気づくことがある。変に急に黙って、硬直したようになって、妙な顔つきになる。だからいたずら者は、出せないように、相手の鼻をわざとつまんだりする。すると怒られる。しかし、くしゃみを出し損なった相手の顔を見るのは少しおもしろい。あんまりやると、本気で怒られるから、最後は思い切り出させてやる。気持ちよさそうである。やれやれせいせいした、という顔になる。フェックショーイ、フェーイ。

寝ながらくしゃみをすることがある。息が思い切り出るのだから、枕に頭が押しつけられるかというとそんなことはない。逆に、頭が持ち上がる。首の筋肉の反射なのだろうか、よくわからない。一度医者に聞きたいけれど、医者は忙しそうなので、あまり聞けない。だいたい医者に会うときというのは、それどころではないときに限られているのだ。

くしゃみは、あまり深刻ではない。花粉症の人のように気の毒な場合もあるが、どちらかといえば大らかである。咳はそうもいかない。咳払いのように、くしゃみと違って、意図的にすることができるけれど、くしゃみと違って止めることもできない。小児喘息の子どもは可哀想になる。あまり冗談にできない。したがって、恥ずかしくもない。くしゃみは慎むべきことだけれど、咳は仕方がないものとされる。くしゃみは陽気だが、咳は陰気である。我慢はできる。しかし、堪えきれない。クラシックのコンサートで一曲終わると、一斉に咳の音が聞こえてくる。よくもこんなに咳をしたい人がいたものだというくらいに、咳がコーラスになって聞こえてくる。

くしゃみも、鼻水が出るくらいになると、風邪を引いたと自覚し、のんびりしていられない。昔中国の人は、大気に吹く風と同じようなものが、人間の体の中にも吹いていて、その気が悪さをすると考えていた。病気のことを風といい、だから今でいう気管支炎に限らず、腸炎なども風のせいと考えていた。それが日本に入ってきて、風邪、と書くようになった。ふうじゃ、などとも言った。くしゃみも咳も息にかかわるから、風に近いのだろう。

風邪は万病の元。気をつけましょう。

ぼんやり　ぼーっと

先日とても素敵な仕事に恵まれた。四時間、ただただ、ぼんやりとしていればいい、という仕事である。

ほんとうは、ぼんやりできるはずではなかった。不特定の人が来て、それの応援をしなくてはならなかったのだ。応援要員として呼ばれて、あるところに行ったのだが、結果、一人も現われなかったので、何もしないですんだのだった。結果としてぼんやりできた。ただただ、来るあてのない人を待つ。ぼんやりと待つ。

午後の二時から六時まで、部屋の隅っこの机に座って、ぼんやりと過ごす。ときどきは、まぶたが重くなる。無念無想。じっと待つ。ひたすら待つ。時間がある。

その週はとても忙しい週だった。前の日は会議が四つ重なり、取材の人も来た。その前の日は、朝の一〇時から夜の一〇時まで、九〇分の授業を五つした。その間に、大学院生たちの論文の指導をする。みんな勝手なテーマを選んでくるから、学生ごとにまったく異なる問題について、一緒になって考えてやらなければならない。その更に前の日は、朝、FMラジオの収録をして、その後テレビの打ち合わせをして、午後はほかのテレビの収録を、深夜までかかって終えた。その前の日は日曜日だったはずだけれど、仕事がいっぱいあった。すでに忘れた。

そんななか、すっぽり空いた時間ができたのだ。それも四時間。いくらでも、ぼんやりできる。だんだん、うすらぼんやりとしてくる。

うすらぼんやりというほうが、ただのぼんやりよりも、もっとぼんやりしているような気がする。不思議なことである。うすら、というのは、ほかの言葉の前にくっついて、うすら寒いとか、うすら甘いとかいって、ほのかに、ほんの少し、気持ち程度にそうであるという意味になる接頭辞である。だから、ぼんやりのほうが、ぼんやり度が高いことになるはずだけど、なぜかぼんやりより、うすらぼんやりのほうが、もっとぼんやりしているように感じる。うすら、というのが、すでにぼんやりの意味を含んでいるからなのかもしれない。

私の仕事は、基本的に、ぼんやりしているように見える仕事なのである。私の仕事は、考えることが元になっている。ほかの人は、同じ何かを書くのでも、見たことやしたことについて書けばいい。しかし、私の書くものは、私が考えたことがネタになっていることがほとんどだ。だから、考えることが仕事である。で、人が考えている姿は、よほどのことがない限り、うすらぼんやりとしているようにしか見えない。ロダンの考える人みたいな格好をして考えている人がいたらお目にかかりたい。裸でなくてもいいけれど、足を組んで、しかも右の肘をわざわざ左の膝の上に載せて、体がねじれてしまいそうな姿勢で、まっとうに物事を考えられるものではない。どう見ても、サボっているようにしか見えないのが、私の働いている姿なのである。

したがって、私がぼーっと、うっすらよだれなどを流しながら机の前に座り込んでいる姿を見たら、たいへん熱心に仕事に集中しているのだと考えてほしい。考えているときは、余計なことに邪魔されたくないから、目をつぶって、気が散るのを防ぎたい。したがって目を閉じている。決して居眠りをしているわけではない。

いや、居眠りをしているときでさえ、私は夢の中で考え事をしているかもしれないではないか。夢が思考の飛躍をもたらすこともあるらしいではないか。不幸にして今までそんな経験はないけれど、いつかあるかもしれない。だったら、その可能性を信じようではないか。

ぼんやりするというのはまだいくらか形のようなものがある。ぼーっと、となると、そこに流れる時間は平板で単調である。考えるのに適しているのはぼんやりのほうであるが、ぼーっとするのも決して不愉快ではない。

ぼーっとする。残念なことに、その部屋の窓のブラインドはすべて下りていて、外の景色を見ることができなかった。同じように集められた応援要員も、ぼーっとしている。人の気持ちを察することに敏感である私は、下の階にあるコンビニでコーヒー缶を人数分買ってくる。皆に配って感謝される。そしてまた、ぼんやりする仕事に戻る。ぼんやり、ぼーっとする。ひたすら、ぼんやり、ぼーっとする。

しかし最近、この完璧に均衡の取れた美しい状態を壊そうとするものが現われた。ケータイという寄生虫のようなものである。ところ構わず時間構わず、人の仕事の流れを妨害する。雑誌の締め切り、取材原稿の校正、テレビの台本の打ち合わせ……。まったくけしからんことである。仕事に遅刻しそうなときに便利だと思ったからケータイを持つようになった。そうしたらいつの間にか、いろんな仕事の鎖につながれてしまっていた。そんなに仕事の電話があったら、仕事ができなくなるではないか。

それでもまた、ぼんやりできる。ぼーっとできる。四時間ぼんやりし続けて、ようやくその部屋から解放されたとき、まだあと四時間ぐらいは来るあてのない人を待てそうな気がした。なぜかほかの人たちは、うんざりしたような顔をしていた。「何もしないというのも疲れますな」と言われた。私はぼんやりする仕事に忙しかった。しかし疲れなかった。私は仕事が大好きな勤勉人間なのではないかと思った。

もっとぼーっとしていたい。

ふわふわ　ふんわり

暖かな日差しのなか、タンポポの綿毛が飛び始める。ふわふわ、ふんわり。軽く柔らかい。頼りなげでもあるのだが、はかなげでもあるのだが、しかし、それなりの存在感はある。

「不思議の国アリス」というディズニーのアニメーションがある。アニメーションでなければできないこと、アニメーションによってのみ可能な美しさを創造すること。そうした目的をすっかりやり遂げてしまったような傑作であると思う。例えば、トランプの兵隊が音楽に乗って行進するシーンは、アニメでなくてはできない。

いろいろなキャラクターが出てくるのだが、もっとも好きなのは、チェシャキャットという黒と紫の不思議な縞模様の猫である。アリスが暗い森の中をさまよっているときに出現する。ふわりと枝の上に現われるのだ。

疲れ切ったアリスが、分かれ道に立って、木の上にいるチェシャキャットに訊《き》く。「どっちの道を行けばいいの」。するとチェシャキャットが「お前はどこへ行きたいのかな」と訊き返す。「どこへ行っていいのかわからないのよ」と叫ぶと、「じゃあどっちへ行っても同じだな」と答える。

まったくなのだ。なんと賢い猫であろうか。

人は、分かれ道に立って、どちらへ行けばいいのかわからなくなる。しかし、そもそも、どこへ行きたいのかわかっているわけではない。どちらへ行けば、行くべき方向が見つかるのか、それを知りたいと思うのだ。しかし、それは無益な逡巡であって、行きたいところがわかれば、自然にどちらへ行くべきかがわかるのだ。何をしていいかわからない人は、何をしたって構わないのだ。

たいへん深いのである。アニメといえどもバカにできないのだ。ま、原作が立派なのだと言うべきかもしれないけれど、しかし、まだ幼かった娘と見ていて、びっくりしてしまったのだ。

それにしても、チェシャキャット。賢い。しかも無責任である。ふんわりと木の上に座って、困っているアリスをからかっているように見える。賢い大人と愚かな若者。

こういう軽さは、私の目指すところである。

私は自慢ではないが、人の役に立つようなことをしようとはこれっぽっちも思わない。この世に生まれてきて、人の役に立てるとはとうてい思えない。何より自分のことだけで精一杯である。せいぜい家族のことを心配できる程度であって、他人の子どもの相談にのるくらいなら、自分の子どもの世話のほうがよっぽど大切である。だから、学生にも冷たい。

それでも、まちがった学生が相談に来ることもある。どんな会社に勤めたらいいのか。大学院へ行って勉強を続けるべきか否か。彼氏と別れるべきかどうか。

それで、私はチェシャキャットになる。何やったって同じだよ。やりたいようにやればいい。まだ何もわかっていないのだから。

チェシャキャットのように、ふわふわと生きたいと思う。ふんわりと暮らしていきたい。賢くしかも無責任。

地に足を着けて生きていく、というのは、どうも理解できないのだ。しっかりと堅実に、ちゃんと暮らしている人を見ると、尊敬してしまう。不平や不満に耐え、自分の力を確実に伸ばし、びくともしないような生き方をしている人がいる。どっしりと落ち着いている。ふわふわの対極である。

溶き卵をお湯に入れてふわふわになる料理が私であるとすれば、あの人たちはまるで肉ジャガである。私が夜店の綿アメであれば、彼らは夜店のおでんである。軽佻《けいちょう》浮薄《ふはく》で何が悪い。

閑話休題。

日差しのなか、布団を干す。綿が少しずつふくらんでいく。軽くなる。日差しの匂いが染み込んでいく。遠くで遊んでいる子どもたちの声まで染み込んでいるような布団。高い空を飛んでいる飛行機の音や、どこかで家を建てている大工さんの金槌をふるう音も吸い込んでいるような布団。ふんわり。ふわふわ。

ふわふわは、布団としては望ましいことである。波打つような柔らかな弾力性を意味する。ふんわりは、赤ちゃんの髪の毛のような、ひとかたまりのしなやかな軽さと温もり。私たちが安らぎを得られるのは、そのようなものに取り囲まれているときである。

世の中はぎすぎすとせざるを得ないのかもしれない。満員電車の中で仏頂面をして通勤通学する人々を見ていると、こちらまで憂鬱になる。不愉快そうな顔をしていなくてもいいではないか。もう少し楽しそうな顔をしていてもいいではないかと思ってしまう。もしも自分が不幸であっても、その不幸を他人にまで示さなくてもいいではないかと思ってしまう。せめて、もう少しふわふわとしていられないものだろうか。ふんわりと生きていけないものだろうか。

そうは言っても、なかなか難しい。せめて布団だけでもふわふわにして寝たいと思う。

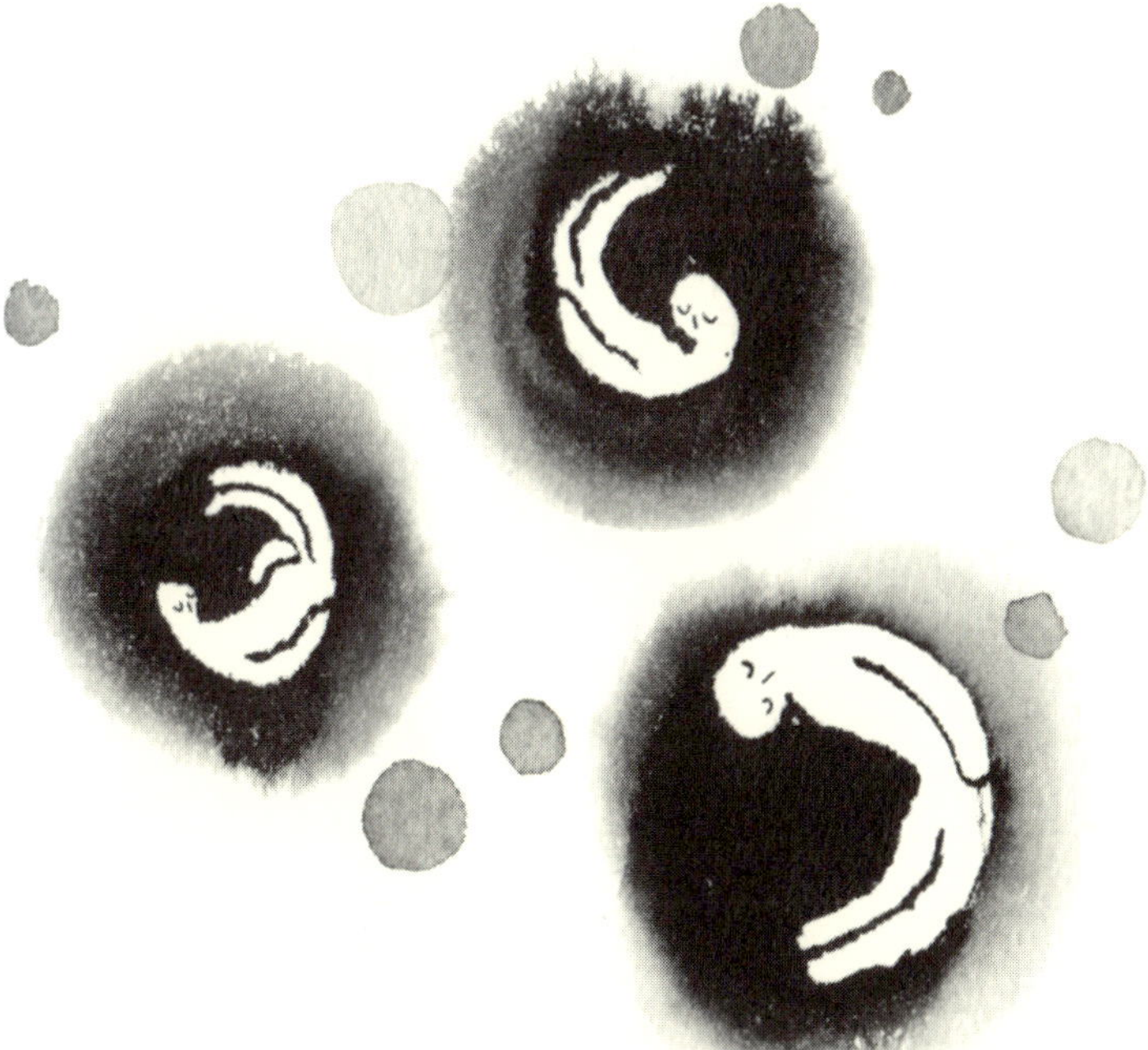

ちらほら　ちらりほらり

「梅一輪、一輪ほどの暖かさ」という有名な俳句があるけれど、一輪の効果は絶大である。椿の花がいくら大きくても、鮮やかな色をしていても、緑の草叢《くさむら》に埋まっているような感じは否めない。梅は細い枝に花だけがついているという潔さが気持ちいい。

梅の花は、少しずつ咲き始める。ふと匂う香りに見上げると、白い花が咲いている。固い梢に、茶色いガク。つぼみも美しい。ちらほら。

まだ寒いのに、一番先に咲いてくれる。冬には山茶花《さざんか》や椿もあったはずなのだが、これぞ花だといわんばかりに、梅は花の季節の先駆けのように柔らかな姿を見せる。

しかも、桜のように、一斉に咲き始めるわけではない。それぞれの花が好き勝手に気持ちよくなって、花弁を開く。他の花を顧みることなく、気ままに咲く。ちらほら。

ちらほらというのは、どこか楽しげである。やがてくる幸せのときを告げているような感覚である。ちらほらと人が集まり始める。ちらほらと人の声が聞こえてくる。秩序正しくない。順序がない。自由なのだ。決まり切っていない。ルーズで、いい加減なのだ。しかし、いずれも、何かをじっと待っている期待感、いよいよ始まるぞというときめきのようなものがある。

『日本国語大辞典』という、国語学の最高権威の辞典があって、それによると、ちらほらの第一の意味は、「常にではないが、たまにあるさま、また、少しずつ行なわれるさまを表わす語」とある。『一谷《いちのたに》嫩《ふたば》軍記《ぐんき》』という一八世紀の浄瑠璃に初出していて、「とかくちらほら気転きかして立回れば、怪我することは微塵もない」という用例が出ている。『浮世風呂』には「それを町方の女中が真似てする物だから、見やう見まねに江戸の女までが、此の頃はちらほら真似やす」というのがあるという。

いずれにせよ、目立って多くない。時間的に不規則なまばらさである。しかしある程度空間的な拡がりをもっているところが、「ちらほら」の真骨頂であろう。

ちらほらが、ちらりほらりとなると、スピードが更におそくなる。ゆっくりと、ひとつひとつ、数えられる早さで、始まっていく。心なし、ひとつひとつが大きめである。

どちらも、散るという動詞からきた言葉であろう。散るというのは、まとまっていたものがばらばらになることなのだが、そういう無秩序状態になること、エントロピーが大きくなることに、なんとなく魅力を感じてしまう傾向が私たちにはあるのかもしれない。

お茶席などでは、順路にわざと花を散らすという。無作為であることを作為的に行なう。人の意志とか社会的な規範にとらわれない部分に美を見つける。自然の営みの無秩序さが好きなのだ。

ちらほらと便りが届く。卒業生が大学を出て、新しい環境に飛び出して、社会の秩序の中に組み込まれて、自由だった学生時代を懐かしみ、学校の教師に連絡を取る。ある者は会社の愚痴を言い、ある者は結婚の知らせを書いてくる。それぞれであるけれど、うれしいものでもある。

教師というのは、今その場で役立つ知識や技能を教えるわけではないのではなかろうかと以前思ったことがある。それよりも、いつか五年後、一〇年後になって、ふと思い出して、役に立つようなことを教えるのがいいのではないかと思った。二〇年後に思い出してもらえる教師になりたいものだと思う。それで、卒業生からの連絡は、とてもうれしい。

誤解しないでいただきたいのだが、私は、自慢ではないが、人の役に立つようなことをしようとはこれっぽっちも思わない。この世に生まれてきて、人の役に立てるとはとうてい思えない。何より自分のことだけで精一杯である。せいぜい家族のことを心配できる程度であって、他人の子どもの相談にのるくらいなら、自分の子どもの世話のほうがよっぽど大切である。だから、学生にも冷たい。

しかし、たまに、あちらこちらから、手紙が届く。ある者は京都から、またある者はメキシコから、モンゴルから、連絡がくる。ちらりほらりと、何かを伝えてくる。そのぶん、自分も少し拡がっていくような気がする。教師をしていてよかったなと思えるときである。

とても大切なことは、たぶん、その始まりはとても静かだったのではなかろうか。鳴り物入りで始まるものは、たぶん、すぐに終わる。声が大きいのは、まやかしであることが多い。真理は静かに語られている、という言葉がある。大河の始まりは一滴の水であるという言葉もある。

大声で語られる時代で、単純でわかりやすく説かれることがもてはやされている。しかし、本当のことはそんなに容易に手に入れられるものではない。ウソであるからこそ、大声で言う必要があるのだ、きっと。

ちらほらと咲く花が季節の流れを伝えるように、静かに静かに、本当のことがどこかでちらほらと始まっているにちがいない。いつどこで、と特定できないけれど、そういうものを見つけられればいいな、とこの頃思う。ちらほらしているものを見逃さないように、こころ静かに待つことができればいい。あまり働かないのはそのせいである。焦らず慌てず、静かにしていることが肝要である。家の中では寝転がってテレビを見ているだけに見えるかもしれないけれど、おとーさんたちは、たいへん重要なことをしているのだよ。娘たちよ。

ぷーん　ぷんぷん

先日知り合いに頼まれて、ある小学校のＰＴＡの集まりへ出かけた。駅から、だいたいの方向だけがわかっていた。しかし、そこから先がわからなくなった。緑の濃い、武蔵野の面影が深く残る一帯である。静かな住宅街に入り込んでしまい、そこで通りすがりの人に道を聞こうとして、はたと考えてしまった。

今、小学校が危ない。通学帰宅途中の小学校の生徒たちを狙う極めて悪質な犯罪が多発しているらしい。通学路には、知らないクルマに乗るのはやめましょうというポスターとか、危ないと思ったら駆け込む保護の家の看板とか、カゴに安全パトロールと書かれた自転車とか、あちこちに警告が出ている。そんなところで小学校への道を聞いたらどうなるであろうか。髪の毛の薄い気持ちの悪い顔をした中年男が、へらへら笑いながら小学校への道順を聞いていたということになると、こんな怪しいことはないので、周辺の交番にたちどころにして通報され、連行され、尋問されてしまうのではなかろうか。

ぷーんと匂う、という。本来は、嗅覚にかかわる表現である。それが、怪しさを表わすために使われる。こいつはとてもいけない人間なのではなかろうか。ぷーんと匂うのである。

嗅覚は五感のうちで、もっとも未分化な感覚であるといわれる。匂いにかかわる語彙は、他の感覚の語彙に比べて、たいへん少ない。味覚も少ないほうであるが、それでも、五味などといい、味わいわけて言い表わせる。匂いは臭い、香るぐらいであって、あとは、生臭いにしろ、焦げ臭いにしろ、複合語でしか言えない。あるいは、つーんと、ぷんぷんと、などと擬態語で補足する。一語で表わさないのは、それがあまり使われることがない感覚だからである。

誰かに会って、姿形を見て、その動作を見て、そうして声を聞く。そうしておいて、何か曰く言い難い、よくないもの、はっきりしないもの、目で見て耳で聞いたわけでもない何ごとかを感じる。はっきり視覚的に捉えているわけでもなく、音声言語として聞いているわけでもない。そういうとき、私たちは匂いとしてその感じ方を表わす。たいへんあいまいな感覚は、「何か匂う」のである。

第六感というのに近いかもしれない。両目の間の深いところ、両耳を結ぶ線上のあたり、その辺で何かの暗示をうる。予感する。その場所は、匂いを感じる器官ととても近いのではなかろうか。匂われてはたまらない。道を聞くのは避けることにして、少し早足で、いかにも仕事で来ているぞ、という姿勢であちこち歩いていたら、やがて目的の小学校の正門に達した。やれやれ。

着いたのが少し早かった。教頭先生に案内されて、小学校の教室を見学させてもらうことになった。今日は三学期の公開授業で、給食のあとの五時間目、全校一斉に道徳の授業をやっているという。最初は一年生からというのでついていった。

一年生の教室の戸を開けて、中に入って驚いた。独特の匂いがむせかえっているのである。それは、日だまりの匂い。汗と垢と砂埃の匂い。そうして、幼い子ども特有の、乳の甘い匂い。それらが大量に混ざって、教室の中に充満しているのである。一人一人の髪の毛から、体から、ぷんぷんと立ちのぼっている。

給食のあとの昼休み。校庭で駆けずり回って遊んだ子どもたちの発する匂いである。言ってみれば、元気で健康な子どもたちの臭気である。

いい匂いというわけではないだろう。なんの匂いか知らなければ、むしろ不快な匂いに分類されるかもしれない。しかし、目の前の子どもたちがぷんぷんと匂わせているのを見れば、たいていの大人たちに、深い懐かしさや強い幸せを感じさせるのではなかろうか。

私は、実は、この子どもたちの頃、病院に入院していた。長い病気で、一年生の後半から三年生いっぱいまで、小学校を経験していない。私がこの子たちと同じ頃は、病院の消毒薬と洗った寝具の匂いを発していたはずだ。目の前の子どもたちは、たいへん幸せであろう。少なくとも、この子の親たちは、幸せであるべきである。

一年生から二年生の教室に移る。匂いは薄くなっていく。同じ子どもが、そのまま少しずつ、大きくなっている。たいへん驚く。三年生になると、また一回り大きくなり、四年生、五年生で、匂いは薄れていき、しかし体がどんどん大きくなっていく。六年生になると、両足で小さな机を挟んで、覆い被さるような姿勢で座っている子までいる。一年生は、椅子に座ると足が床から浮いているようだったのだ。時間を目で見ることはできない。しかし、小学校に行くと、時間の流れを目ではっきりと確認できる。六歳から十二歳の人間の変化をいちどきに見るのは、胸がときめく経験になる。一度、行ってみられるといい。いろいろな匂いを嗅いだり嗅がれたりすることもできるから。

ざっざっ　びかっびかっ

朝の通勤電車に乗るのは苦痛である。

ふだんは車で大学に通っている。たまに、夜、お酒を飲む約束があると、帰りに車に乗れないので、朝から準備万端、電車で行くことになる。

自宅から駅まで歩く。滅多に通らないので、珍しくてしょうがない。シャッターの閉まった商店街を歩く。ところどころ、店を開ける支度をしている人たちがいる。ゴミ箱がまだ片づけられていなくて、カラスがぴょんぴょん歩いている。まぶしい日差しが斜めに差している。風がまだ新しい。

駅に近づくにつれて、通勤の人が多くなっていく。気づくと、奇妙な音が耳につきはじめる。

商店街はアーケードになっているのだが、その天井に跳ね返って響く音。

ざっざっ。ざっざっ。

低く、強く、響く。歩く人々の音。サラリーマンやOLが駅へ急ぐ音。大勢の人間が敷石を踏み歩く音。それが、リズムを伴って、商店街いっぱいに轟いているのである。

ざっざっ。ざっざっ。

リズムが早い。私はたいていの人に追い抜かれていく。若い女性も、ハイヒールをならして追い越していく。なんなのだ、これは。まるで全体主義国家の兵士の行進のようではないか。おしゃべりをしながら歩いている人はいない。しんとして、ただ歩く。ちっとも楽しそうではない。ただ駅へと急ぐ。

もうちょっと楽しめばいいではないか。この明るい日差しを喜べばいいではないか。皆が支度を始めている、今日一日の時間を待つ、期待と希望の時を、満喫しようではないか。しかし、誰もそんなことは思わないらしい。そんなことを考えるのは、朝からのんびり歩いているのんきな大学教師ぐらいなのかもしれない。

世間の人の考えていることがよくわからない。私の常識は世間の非常識である。世間の非常識が私の常識である。ずれというより、壁にちかい。隔絶されているような気がしてくる。つくづくと、群衆のなかの孤独を感じながら、やがて駅に着く。

駅では切符を買う。電車で通っていないので、定期をもたない。みんな定期をもっているのだろう。朝の切符売り場は比較的空いている。ただし、行き先までの電車賃を見ようと掲示板をうろうろと見上げていると、突き飛ばされそうになる。みんな急いでいるのだ。慌てているのだ。気が立っているのだ。

最近は、スイカとかイコカとかいうカードがあって、それをぺたんぺたんと自動改札の緑の場所にかざして通っていく人がいる。私はああいうカードが嫌いなのだ。自分の行き先や降りたところが全部記録されてしまう。すべてのデータが、きっとどこかの巨大記憶集積装置に蓄積されていて、調べられ分析され、記録されてしまうのに違いない。ぶらり途中下車は、もうできない。挙動不審者として、要注意人物にファイルされてしまうかもしれない。それが本当のことかどうかわからないけれど、なんだか気にくわない。だから絶対使わない。同じ理由で高速道路のETCも使いたくない。監視国家のような気がしてしまう。

で、カードの人にはそのための専用改札口がある。カードをもっている人は専用改札口だけを通ってほしい。専用なのだから、そっちを通ったらいいと思うのだが、普通の人のための改札口も通っていく。私は切符しかもっていない。電車通勤初心者なのだ。邪魔しないでほしい。で、カードをもった人が、私の通るべき改札口を通ろうとする。すると赤いランプが突然光り出す。

ぴかっぴかっ。

たかが残金不足なのだ。それにしては、なんとも不愉快なリズムである。あの光の点滅は、昔の秘密警察の警告灯のようではないか。暗く不吉に、通行人の不正を、世間に告知する。秩序正しい社会を破壊しようとする反社会的分子を告発する。摘発する。

ぴかっぴかっ。

捕まった人は、どこかへさっと消えていく。

やっと通って、エスカレータに乗る。丁寧なアナウンスがある。「これはホーム方面行きのエスカレータです」。「ホーム方面」はないだろうと思う。なぜ、「ホームへ行くエスカレータ」と言っちゃいけないのか。自衛隊や警察の言い方を連想させる。ますます、気分が滅入る。そもそも、登りエスカレータに、なぜアナウンスが必要だと思うのか、その配慮がわからない。

しかし、私の行く駅は幸い郊外にある。多くの人々とは反対方向である。私のような役立たずの人間が社会の片隅でも生かせてもらっているのは、日々勤勉に働いて、日本の経済力を支えてくれるこの人々のお陰である。気持ちを抑えて、電車を待つ。高架駅から眺める朝の町の景色を堪能する。運がよければ、遠く富士山だって見ることができるのだ。平和な朝なのだ。

つるつる　ぴちんっ

男の人には、いつか自分の店を持ちたいと思っている人が多い。それが喫茶店であるのか、小料理屋であるのか、人それぞれだが、最近多いのはソバ屋であるようだ。

熊本で「ソバ屋に行こうか」と誘われてついていくと、ラーメン屋に連れて行かれるらしい。それは困る。東京人にとって、ソバはやはり日本ソバであってほしい。

ソバといっても、しかし、どんなソバかというと意見がわかれる。私は断然モリソバであると思う。あの単純さがいい。しかし、ザルソバがいいという人もいれば、カケだろうという人もいる。

ドライブしていると、道端に見慣れぬソバ屋の看板がある。畑の真ん中の道を進んでいくと、いかにも新築ふうのソバ屋が建っている。分厚い白木のテーブル、紺の暖簾、丸くて白い時計、工務店のカレンダー。

あまり数が出ないから仕方ないのだが、少量で高価なのはばかばかしい。たかがソバである。寒い冬の終電帰りであれば、駅前の立ち食いソバは何よりおいしい。ソバの分を守っていただきたい。

亭主はジーンズ、短髪。バンダナを巻いているくらいは許す。若い奥さんはたいてい肌が光っている。音楽はなくていい。ジャズなどかかっているのは少し困る。バッハは案外似合う。なぜか自動車雑誌の置いてあるところが多い。やめてほしい。県内地元のナントカ日報とかいうのがいい。グルメ雑誌に載った、とかいう切り抜きは飾らないでほしい。やはり野の花の一輪挿しである。

最近、Aという人の書をその手の店でよく見かける。あの字のどこがいいのかよくわからない。平仮名の「そ」とか「る」「く」などの、鋭角になった部分をゆっくり丸くするとあの字になる。書かれている文章も、あまり理解できない。「あなたに会えてよかった。つくづくとそう思う」とかいうのである。私でも考えられると思うのだが、深い意味を受け取れる人には受け取れるのであろう。以前、どこへ行っても武者小路実篤氏の色紙が飾られている時代があった。座布団にまで描かれていたことがある。

ソバは音を立ててこそおいしい。ラーメンもそうである。スパゲッティやスープのような洋食とは違う。つるつると素早く啜り上げる。最後にぴちんっと、汁の跳ねがあって頬にとぶ。それがいい。吸い上げることができないと言って、ソバをご飯か何かのようにしてもぐもぐと、音を立てずに食べる者がいる。許せない。そういう人と一緒に食べたくないと思う。

ソバを箸でつまむときに、あまり多すぎると、いい音が立てられなくなる。ずるずると、うどんのような音になる。それは美しくない。心持ち少なめにする。ぐい呑みを少し大ぶりにしたくらいの碗を左手に持ち、長いソバの下がせいろからふわりと浮いたくらいを、下から掬《すく》うように持っていって、三分の一くらいを浸けて、一気に吸い上げる。すると、つるつる、ぴちんっ、となる。

時間は昼過ぎがいい。できれば二時とか三時とか、店がゆっくりとしてきた明るい午後。できれば上がりかまちに腰かけて、足を膝の上に組むような姿勢が望ましい。だから椅子は低めがいい。

ソバが運ばれてきたときに、すぐに手を着けず、ゆうゆうとタバコを吸い始める者もいる。許せない。のびてしまうではないか。早く食べなければ、まずくなってしまうではないか。そんなだったら、ソバ団子汁でも食べていればいいではないか。

ソバつゆが濃いといって、汁にわざわざソバ湯を足している者がいる。許せない。濃いのがいい。田舎へ行ってせっかくいいソバなのに、汁が薄くてまずいと、悲しくなる。このまま東京のソバ屋へ持っていって、あの店のあの汁で食べたらどんなに幸せになれることかと思ってしまう。

十割ソバというのがある。ソバ粉だけを使って打ったソバのことである。ふつうは二割とか三割、つなぎとしてうどん粉を混ぜて打つ。十割は純粋だから、絶対おいしいかというと、そうでもない。十割ソバは、多くはうどんのように変に弾力が出てしまう。つなぎのない分、一生懸命捏《こ》ねすぎるからだと思う。丹念に捏ねればいいというものではないらしい。いくら客が来ないで暇だからといって、また手作業のよさを示すため、心をこめて捏ねるからといって、捏ねすぎるとおいしくなくなってしまう。文字通りいい加減なところで捏ねることをやめないと、ソバはソバのよさを失う。十割よりも八割のソバのほうがおいしい。一〇〇%の力を出してもうまくいかない。八〇%ぐらいの力のほうが、おいしいことがある。
ソバは生きていくうえでの何ごとか大切なことも教えてくれる。
しかしまあ、肝心なのは、つるつる、ぴちんっ、である。ああ、おいしい。

ちんじゃら　じゃらじゃら

大学生だった頃、私は西荻窪に住んでいた。西荻窪には隣の駅の荻窪のようなラーメン店もなく、吉祥寺のようなお洒落な街でもなかった。しかし、一部の人間には非常に有名な街だった。「西荻グループ」という人々がいたのだ。何をするグループかというと、パチプロ集団なのであった。その名は全国のその筋の世界では、恐るべき名前だったのだ。たぶん、西荻から発生して、全国へ活躍の場を広げていったのだろう。私はその人たちを見たこともないのだけれど、しかし、西荻にいてパチンコをするのは、その発祥の地であり、なんとも名誉なことなのだった。

まあ、言いわけに過ぎない。ともかく、大学生になって、友人に誘われて、パチンコを始めた。

その頃のパチンコは、今とはだいぶ違っていた。さすがに、玉を指先で送り込むような形ではなかったし、チューリップも発明されていたけれど、指で弾くやり方ではあった。

一〇〇円玉を玉貸し器に入れる。下から筒を両手で押し上げて、じゃらじゃらと、玉を受ける。玉貸し器というのである。玉は売り物ではない。玉を借りて遊ぶのだ。

いちばん上の穴を天という。両脇の下にある、チューリップのついていない穴を脚という。ねらいは天穴か脚である。それ以外の穴は狙わない。狙えるものではない。全体として左側に流していく。すると出ることがある。止まらなくなる。

ちんじゃら。じゃらじゃら。

脳内モルヒネが盛んに発生する。やめられない。

ちんじゃら。じゃらじゃら。

最初はタバコやお菓子を景品にもらう。そのうち、不思議なものに替えてもらっている大人たちに気づいた。ライターの石である。ライターの石をたくさんもらって、うれしいとは思えない。使いようがないだろう。それを何箱も替えるのである。やがて、裏路地にある換金屋というのを知った。怪しげなうえにも怪しげである。薄暗い、路地に面した窓が開いていて、無愛想なおばさんが、黙ってお金を出して、ライターの石を買ってくれるのである。そうやって、両替という反社会的行為に慣れてきて、パチプロへの階段を一段上がるのである。

調子のいい日もあれば、調子の悪い日もある。どうやったら玉をたくさん出せるのか、さまざまな情報を仲間同士で交換し合った。その頃は今のようなパチンコ専門誌などなかったのだ。

出入り口に近い台は、外からよく見えて宣伝になるから、いっぱい出す。前日が晴れて翌日雨が降ったときは、釘が湿って、玉がまとわりつくので、釘師の予想外の動きをして、入りやすくなる。二〇日とか二五日の給料日は、釘が締まっていて出にくい。灰皿に吸殻がいっぱい入っている台は出やすい。ただし、いろいろな種類のタバコが入っているのは、少し出るけれど、すぐに出なくなる。台の全体が、斜めに向こう側にかしいでいるのは、いっぱい出る。出た玉の重さによって台のバランスが変化するので、もし台の下を押さえなければ出ないようだったら、そのチカラをずっと継続しなければならない。疲れるけれど我慢しなければならない。しかし、上のほうの玉の貯蔵庫に新しい玉が補給されてしまうと、バランスが崩れて最初からやり直さなければならない。

どれも子どもだましのような見分け方である。釘の向きや開き方を読むというのが、パチプロのあるべき姿であったが、そこまではわからない。私たちは西荻グループにあこがれていた。

いつかパチプロと呼ばれることを半分夢見ていた。いっぱい出して、「お客さん、ちょっと」と店員に声をかけられて、もう来ないでくれ、これで勘弁してくれ、とかいって、金一封を出してもらうというのが、私たちの到達目標だった。

しかし、到達目標は常に遠かった。やがて私は、何の努力もすることなく、玉を出すコツを発見した。ようするに、前の日の閉店間際、その店に行く。そのときに出ていた打ち止め台を記憶しておく。次の日一番に、その台で遊ぶ。それだけのことである。釘師が入って毎日調整するということはない。数日は、出る台は変わらない。出ることはわかっている。こうなってくると、パチンコは遊びではなくなる。おもしろくもなんともない。仕事である。労働である。おもしろくないから、ある程度出ればそれでいい。本代が稼げればいい。それ以上やりたいとも思えない。そうやって数年過ごした。

ちんじゃら。じゃらじゃら。

空しいばかりである。そうしていて、やがて、三つの数が揃うと大当たり、という台が出現した。これは事務所の奥で操作できる台に違いない。以前は、出るか出ないか、だった。しかしこの台の出現以後、出すか出さないか、パチンコ屋の意志で決定されることになった。それでもう、パチンコ屋へ行くことをやめた。

今、地方へ行くと、仕事がない、若者がいない、子どもがいない、学校が閉鎖される、そんな話ばかり聞かされる。そして、儲かっているのは、巨大な駐車場を備えたパチンコ屋だけである。大きなお金が儲かるらしい。そうして駐車場の片隅には、サラ金のＡＴＭと換金屋が軒を並べている。

いったい日本はどうなってしまうのだろう。元パチプロ志望者が言えた義理ではないが、それにしても、ちんじゃら、じゃらじゃらじゃらと可愛らしくいっていた時代がいい。今は、じゃんじゃんばりばり、なのである。田園は荒廃していくのだろうか。

朗朗と嫋嫋と

スリーテナーというのをご存じでしょうか。パヴァロッティ、ドミンゴ、カレーラスという三人の大テナーで、この三人の競演もある。おかずばかり並べられていて、お腹がいっぱいになりそうなメニューである。フルーツポンチとチョコレートパッフェとプリンアラモードを三ついっぺんに食べろと言われているようなものだ。

オペラ歌手である。オペラの役を演じているのを聴かなければならないだろうとは思うけれど、テノールの花形は、上演時には一人でいい。いちいち三人の出る舞台を待って聴くのは面倒である。三人まとめて聴けるのなら便利このうえない。

だいたいオペラというのは、切符が高すぎる。とても買える値段ではない。この頃ようやく、いちばん安い席なら買ってもいいかと思えるようになったが、そのときには観に行く時間がとれなくなっていた。いったいどういう人たちがオペラに行けるのだろう。常連のように、毎回外国のオペラ座来日公演に通える人たちは、普通の人たちではないと私には思えてしまう。

一度だけ、ニューヨークのメトロポリタンオペラに行ったことがある。そう書くと格好がいいが、ニューヨークでは切符がすぐに買えるし、安い。時間もあった。来ている人たちはみんなイブニングドレスやタキシードを着ているわけではなかった。幕間にお洒落なカクテルを飲むわけでもなかった。いたって気軽な場であった。ただ、何を観たのか、その夜の演目を忘れてしまった。

ま、その程度の人間であるのだが、テレビで、このスリーテナーを観る。

パヴァロッティは三人で組む以前から知っていて、ときどき聴くことがあった。硬いけれどなめらかで、都会的、現代的な声。うるさくなる寸前で甘くなる声。晴朗さがいかにも今風である。

ドミンゴは、それに比べると古いタイプ。男性フェロモンが服を着て歩いているように見える。ふだんからオリーブオイルにたっぷり浸かったパンを食べているに違いない。脂身にバターソースを塗ったのが好物なのではなかろうか。あくまでも甘く、柔らかく、とろけていくような声。そばに近寄りたくない艶っぽさ。

この二人に比べると、カレーラスというのは地味だ。いちばん真面目に見える。仕切役で、ふざけたこともしない。声も、ほかの二人に比べると華も感じられない。強烈な個性も感じられない。

このスリーテナーというのは、そもそもは、カレーラスのために結成されたモノであるらしい。

ホセ・カレーラスはそのキャリアの絶頂期一九八七年に、突然白血病に冒された。骨髄移植を受けて奇跡的に回復し、それを機に、カレーラスが呼びかけて、スリーテナーの公演が始まった。いわばカレーラスの病気のための興行なのである。

それでなのか、などと一人勝手に納得していたのだが、あるとき、カレーラスが病に倒れる以前の歌唱をビデオで観る機会があった。これはすごかった。

一言で言えば、大きな声なのだ。大きな声というと、音量が大きいというふうに誤解される。音量などは、マイクで機械的にいくらでも調整できる。そうではない、大きな声なのだ。

その声は、容量を感じさせる。立体として、ばかでかいものを感じさせてしまうのだ。声量というのとも違う。透明な巨大コンテナが拡がっていくような気にさせる声なのだ。この声は、なんとも表現しがたい。しかし、パヴァロッティでもドミンゴでも出せない、とんでもない魅力をもった声だった。

それ以後、スリーテナーのカレーラスの声をちゃんと聴くようになった。ときどき、ごくたまに、その片鱗を見せる。しかし、残念なことである。肉体という楽器を演奏しなければならない声楽家は、その肉体が破損されてしまうと、もう二度とあの演奏を再現できなくなるのだろう。

人の声の様子を言葉で表わすことは難しい。スリーテナーの声を紙面で再現させることは不可能である。それでも人は言葉にならないモノを言葉に換えようと努め、例えば擬音語、擬態語を発明してきた。そういう努力をしたのは日本人だけでなく、中国人も同じであって、中国語にも擬音語、擬態語の類は多い。で、ドミンゴの、野放図に響きながら、人を夢見心地に誘うような声を「朗朗《ろうろう》」と表現する。パヴァロッティの細く快く伸びていく声を「嫋嫋《じょうじょう》」と表現する。漢字で書かれる「オノマトペ」（声喩）である。

言葉はこの世のすべてを表現できるわけではない。表現できない事柄が、私たちの周りには無数にある。

あのカレーラスのスケールを感じさせる声を、的確に表現できる擬音語を知らない。誰か才人は、それを表わす擬音語を見つけ出すかもしれない。しかし、それを待っていても、あまり意味がない。ビデオの音質でさえ、あの独特の声質を聴き取れるのだ。言葉を考えることより、ただ聴いて楽しむことのほうがずっと楽しいことは言うまでもない。

ぴったり　しっくり

静岡に行く用事があって、そこで寺社建築会社の社長さんという人とお話する機会があった。ようするに、宮大工さんである。今は、戦前に一時的に修理されたお寺や神社に、そろそろ寿命がきていて、あちこちの修理にたいへん忙しいということだった。

いろいろな話を聞いたのだが、これぞぴったり、という言葉を聞いたのだ。

建物を造るときに、四隅の柱というのはたいへん重要である。これを選ぶところから建築は始まるのだが、宮大工であれば、その材料となる木がどこに生えていたのか、ということをまず調べる。山に入り、実際に木を見る。そうして、建物の南側に使われる柱は、その森の南側に生えていた木を使い、北側に生えていた木は、建物の北側の柱として使う。その際、生えていた向きも重要であり、年輪を合わせ、生えていたように位置する。

もちろん、切ってきた木をすぐに使うわけにはいかないので、数年は乾燥させなければならない。季節も重要であり、春や夏は木が勢いよく水を吸っているので、材木としては適さない。秋から冬、木が水を吸うのを休んで寝ているときに切り出さなければならない、という。

確かに、きこりは、冬になると山に入っていった。それは農閑期だからという理由だけではなかったのだ、と今頃思い知る。与作が木を切っているのは冬なのだ。だから木を切る音が寒空に響くような気がするのだ。

で、四隅に、生えていたときと同じような状態で柱を立てる。建物は、そこで森になる。柱になった木は、お寺の柱として、森の中と同じように生き続けることになる。木はコンクリートと違って、生きたまま建物になる。それで、木造の建物はきちんと建ち続ける。

お寺の柱だから、森で生えているいちばんいい木を四本選んできて使えばいいではないかと思う。しかし、それではだめなのだ。西側に生えていなければ、西側の柱にはなれないのだ。いくら立派な木であっても、西側に使えるのは、森で西陽をいっぱい受けていたような木でなければならないのだ。そこには序列や競走がない。すでに決まっている。ある場所に何かをおこうと思えば、それにもっともふさわしい材料は、すでに決まっている。

適材適所という言葉がある。考えてみると、こんなに適材適所という言葉にぴったりする状況はない。ここからこの言葉が生まれてきたのではないかと思えるほどである。

ある場所に、いかにもそこに適う人がいるとき、それを他人は、「ぴったりだ」と評する。誰でもなく、その人がいちばんふさわしいと思う。傍から見ていて気持ちいい。

ある場所が、ぴったりだなと自分が思ったとき、自分は「しっくりする」と思う。心地よくそこに嵌《は》まり込む。ジグソーパズルの破片のように、嵌まり込む。身の丈に合う。嵌まり込んでいながら、自在感もある。自分の力がもっとも発揮される。無理なく動けるけれど、不安定ではない。

靴を買う。サイズは、あくまでも目安である。靴によって、少し小さめのほうがいいというときもあるし、いくらか余裕のあるもののほうがうれしいこともある。履きやすさ、歩きやすさは、実際に試してみなければわからない。そうして、しっくりと感じられるものを選ぶ。私の靴になることを店先でずっと待っていたというような靴もある。適所を待っていた適材である。

「ぴったり」は外からの視点である。「しっくり」は内側からの感覚である。東側の柱になった東側に生えていた木は、たぶん、しっくりしているに違いない。間違った方向に使われてしまった木は、きっと憂鬱であるに違いない。居心地の悪さを感じ続けねばならないだろう。

人にも、その人にいちばんよく適う場所がある。うまく見つけられた人は幸いである。そうでないとき、人は、いかにもその場所に適うように、自分を変えていく。あるいは、自分に合うように、その場所を変えていく。

そうして、いわば努力して変化させられた「適材」や「適所」は、どこかに無理がかかっているに違いない。ねじれやゆがみも生じているだろう。居心地も悪い。落ち着かない。ふさわしくない。

分を知れ、というのではない。分を知るというのは、序列として下位のものが上位にあることを戒めることである。適材適所は、序列ではない。種類である。もって生まれた特性のことである。

しっくりとする場所を見つけたい。ぴったりな場所を見つけたい。私はどこの適材なのだろうか。

うかうか　うっかり

気がつくと、いつの間にか総理大臣が、自分より年下の人になっている。人はこのようにして、自分が年老いたことを知るのであろうか。

思えば、高校野球がそうだった。年上のお兄ちゃんたちの試合だったのが、いつの間にか年下の子たちのものになっている。アイドル歌手も、お姉ちゃんたちではなく、年下の子になる。そうして芥川賞とか劇団を旗揚げする若き芸術家たちが、自分を追い抜いていく。自分の教えている学生の両親が、自分より年下であることに気づいて愕然とする。本当に、うかうかできない。そのうち年金受給者が年下になり、老衰で死ぬ人が自分より若くなるかもしれない。

うかうかしていてはいけない、という言葉は何回聞いたことだろう。うかうかしているのはいけないことであるらしい。

うかうかしていると試験が近づいてくる。うかうかしていると出世に乗り遅れる。うかうかしているとお嫁にいけなくなる。うかうかしていると何もできないうちに死を迎えることになる。

しかし、うかうかしているのは楽しい。試験勉強をするよりも、読みかけの本のことが気になる。会社のなかの人間関係よりも、釣りに目覚める。一人暮らしの気楽さを謳歌して、自分の好きなようにお金が使える。うかうかしているうちに、一生を終えられるのであれば、こんなにいいことはない。

なまじ、気づくからいけないのだ。うかうかしていることがいけないのは、周りの世間にはたと気づいて、後悔してしまう、それが悲しいのである。うかうかしている最中は、とてもいい具合であるだろう。

「うかうか」は「浮か浮か」からきている。落ち着かない、はっきりしていない、というのが古い意味だった。江戸時代になって、しっかりした考えがなくてぼんやりしていること、というようになった。集中力がないのだ。丁寧ではないのだ。いい加減に、気楽に、無責任に、考えなしの日々を送ること。

「うっかり」は、時間的に短い。うっかりを続けていれば、うかうかになる。ただし、うっかりは罪が重いことがある。うっかりは間違いを起こす。しかも自分では気づかない。気づいていればやらない。知らないで起こす罪は、知っていて起こす罪よりもずっと重い、というのは孔子様の知恵である。うっかりはうれしくない。

うかうかは持続的である。気分である。世間の流れを気にしない。世間のことを気にしない。超俗的である。市井の隠者でさえある。

うかうかしない、ということがどういうことかを考えると、うかうかの楽しさがわかる。うかうかしない人は、絶えず周囲の動向に気を配っていなければならない。人が自分をどう思うのか、気になって仕方がない。抜け目なく自分の位置を確かめながら、常に上を目指す。自分の行動を損得で考える。今何をすべきかを、計算ずくで決められる。社会的に尊敬をもって迎えられる。成功者として待遇される。

なんだか、とても理性的で偉い人に思えてきた。しかし、気づかなければいいのだ。気づかなかったことにしてしまえばいいのだ。そうすれば、悔やむこともない。もっと勉強しておけばよかったなどとは思うまい。

「うかうか」という言葉を辞書で調べていて、「うかうか左衛門」という言葉があるのを知った。うかうかしている人のことを笑って言うあだ名らしい。江戸時代にあったという。うかうか左衛門と呼ばれるように、がんばってうかうかしよう。

すっきり ごてごて

すっきりとする。

お正月の前に大掃除をする。畳が新しい。障子も張り替えた。電球を新しく取り替えて、夕飯時も明るくなった。身の回りにあったいろいろなものは、年末のゴミの日に紐でくくって持っていってもらった。あるいは、あるべきところにきちんと整理して片づけた。コタツの上掛けも座布団も洗濯して糊がきいている。台所の換気扇は快調に低い音で回っている。風呂場のカビは落ちたし、トイレも輝きを取り戻す。玄関は水を打って泥を流した。植木は手入れをした。顔も髪の毛も床屋へ行ってさっぱりとした。駐車場代金もガス代もみんな払いを済ませた。門には門松もお飾りも整えた。余計なものがなくなった。そぎ落として、きれいになった。すっきりした。

片づけることは、見えるものを見えなくすること。あるものを終わらせること。うるさい音を静かにさせること。濁りをなくすこと。済むことは澄むことである。すっきり。

お寺と教会を比べると、私たちと彼の国の人たちの美しさの基準の違いがわかるのではないか。お寺も教会も、正面の飾り方は似ている。どちらもご本尊やキリスト様が飾られている。装飾的である。違うのは、人の集まる部分である。

善男善女が集まるところは、木の床であったり畳が敷いてあるだけで、何もない空間である。人が来ると隅においてあった座布団を出してきて、そこに座る。人が帰れば、また座布団を隅に積み重ねる。すっきりする。

教会は違う。会衆のいるところには椅子が並べられている。折りたたみの椅子でもいいだろうが、固定されている。重厚な彫刻が施されていて、椅子の背には小さな棚までついている。ステンドグラスには、毒々しいような色が塗られている。ごてごてしている。

西洋の部屋には、壁に一面、絵が飾られている。家族の写真もある。それがなくても、お皿や古道具などが飾りつけられている。私がアメリカで住んでいたアパートは、大家の趣味で、赤と緑の壁紙が張られていて、クリスマスカラーであると威張っていた。それほど派手派手しくはないのだが、それでも日本ではまず見られない。ごてごてしている。

日本の部屋の壁は、白、あるいは茶色系が基本であろう。飾りもあまりない。それで殺風景というわけではない。床の間に墨蹟や墨の山水画をかける程度である。象牙や熊の木彫りが置いてあると、なんだか趣味が悪いように思えてしまう。ないほうがいい。ないことで美を作り出すのには恐ろしく高い美意識を要求される。しかし、すっきりしていると気持ちがいい。

ししおどし、という装置がある。音があるのだけれど、人は、竹が落ちて水の流れる音と、次に落ちるときの音との間の静寂を聞いている。音を立てることで、かえって、静けさが感じられる。何も聞こえてこないところに、沈黙の音楽を聞くのである。

すっきり、というのは、何もないところに緊張感が存在する。緊張感がなく、ただ飾られているだけで、バランスの崩れた過剰な色彩や形があると、ごてごて、と言われる。かえって殺風景にさえ見えてくる。だらしなくさえ思えてしまう。

日本にこういう美意識がいつ頃から生まれたのか、よくわからないけれど、例えばブルーノ・タウトさんが称揚したという桂離宮はすっきりの見本だし、もっとさかのぼれば伊勢神宮の社などがあり、かなり歴史をもっていることは確かだ。

ただ、日本はそればっかりではなくて、縄文土器から始まり、日光東照宮を経て、現代に至る、ごてごて系の美学もある。ごてごて系も、そんなに捨てたものでもない。バブル期に建てられた建物は、今各地にバブル遺産として残っているが、人は元気になると、ごてごてを求めるものなのか。今の日本は、どちらかというとすっきり系を求めていて、それは元気のなさの現われであるのか。

それはともかく、もうすぐ正月。一年でいちばんすっきりしているべき正月は、やはり、一年でいちばんすっきりしている冬の季節こそがふさわしい。木々の緑が落ち、空気がぴんと張りつめている。雪が積もって、余計なものが見えなくなり、余計な音が聞こえなくなれば、なおうれしい。ごてごてしているのは、おせちの入った重箱のなかだけにしたい。どうせテレビはごてごてしたことばかりやっているのだろうから。

ほやほや　ほかほか

できたてのほやほや、という。新婚ほやほや、という。この「ほやほや」というのは、いったい何か。どんな様子なのか、考えるとこれが難しい。研究室に来た中国人留学生に聞いてみた。ほやほやといったらどんな様子であると思われるか。

意識があまりない。ぼんやりしていて、ちょっとうれしい。のんびりしている。なかなかわかっているようなのだが、具体的にどんな例文がいいか、作らせてみると、「お酒を飲んでほやほやする」と言う。やはり難しいらしい。

相当に日本語が上手で、普通に話していたら日本人だと思ってしまうような学生である。そういう彼らにしても、擬態語は日本語のなかで、いちばん最後まで残ってしまう最上級問題の一つなのである。

ほやほやというのは、どんなふうなのか。新しいということはわかる。そうなってから、まだ時間があまりたっていない。しかし、それだけではない。なんとなく柔らかそうで、なんとなく温かそうで、なんとなく気持ちよさそうである。湯気が立っているような湿り気も感じられる。体ではわかっている。感じがする。しかし、言葉に換えて説明することができない。

今挙げたほやほやの使われ方は比較的新しい時代のもので、歴史的な変化を調べると、ほやほやにもいろいろあったことがわかる。

まず、一三世紀頃の文献には、果物が熟して柔らかくなったことを表わす意味で使われている。瓜がほやほやであるという。瓜が熟したのである。

ついで一六世紀。暖かで気持ちがいいという意味になる。春風がほやほやと吹く、という。

一七世紀になると、陽炎や湯気が立ち上る様子に使われる。茶釜からほやほやと湯気が立つ、とか、「ほやほやとどんどほこらす雲ちぎれ」という俳句があるそうだ。

さらに、顔がふっくらとしている様子にも使われる。新妻の顔がほやほやしていてよろしいという。

顔がほころんでいて、いかにもうれしそうだという意味でも使われている。ほやほや顔とか、ほやほや機嫌、という言葉もあったそうだ。

こうして見てくると、どの「ほやほや」も、言われてみれば、そのような感じがしてくる。やわらかそうで、温かそうで、気持ちよさそうで、喜ばしい。浮かびそうな軽さもある。

できて間もないものに使われる現代の「ほやほや」は、江戸時代から始まっている。そうして、「ほやほや」は、新しいもの、時間のたっていないものに使うことがもっぱらになっているが、それと同時に、今までの柔らか系の意味も重なっているように思える。

ほやほやがふさわしいのは、例えば温泉饅頭である。湯上がりだから寒くない。浴衣の上にどてらを重ね着する。素足に下駄。ちらほら小雪が舞っているかもしれない。そぞろ歩き。狭い坂道の温泉街のなかを歩いていくと、両側から湯気が噴出している。でき上がったばかり、蒸かしたてのお饅頭が、せいろに並べられている。できたてのほやほや。

堅いもの、しっかりしたものにほやほやは似合わない。冷たいもの、乾いたものにも、ほやほやは無縁である。

似た言葉にほかほかというのがある。これもいいけれど、ほやほやとは微妙に異なる。「や」という音のもつ儚《はかな》さ、脆《もろ》さの気持ちがほかほかにはない。ほやほやは弱い。壊れやすい。

私は、赤ん坊はほやほやだと思ってしまう。体から湯気が立っているのではないかと思わせるほどの熱気。生まれたばかりの生気の発散。柔らかく、優しく、そうして脆さもある。慣れていない。そのかわり汚れていない。壊れやすいほど薄い皮膜に覆われた、何よりも喜ぶべきもの。貴重なもの。幸せを強烈に感じさせるもの。しっかりと守ってやりたいと思わせるもの。責任を感じさせるうれしいもの。

もしかすると、人は新しくなるたびにほやほやになるのかもしれない。ほやほやの新人という人もいる。まだ柔らかくて、形が定まらない。内から光が射しているかもしれない。明るく輝いているけれど、ほうっておくとすぐに消えてしまいそうなもの。

新しい年もほやほやである。立春を過ぎれば、春もほやほやである。あやういけれど、じっと見守るのがいい。新しいものはうれしい。新しいものはあたたかい。そうでありたいと思う。

ぎっくり　ぽっくり

ぎっくり腰になった。これで三回目である。

それにしても、ぎっくり腰、というのは、いい得て妙である。

あるとき突然起きる。ぎっくり、なのである。「ギ」という音は、なんとも不吉な音である。ガ行の音は、あまりいい意味をもたないが、そのなかでも、短く鋭さを感じさせる「ギ」である。痛みまでも感じさせる。

促音（小さいツ）が入ることで、突然の緊迫性が生まれる。撥音（ンの音）であればのんびりできる。長音であればゆっくりできる。のんびりもゆっくりもできない。

そうして「クリ」である。腰砕けである。足がもつれ、膝に力が入らず、よろけてしまう。歩けるつもりが歩けない。だらしない。恥ずかしい。まさにこの症状は「ギックリ」としかいいようがない。この名前をつけた人は、言葉の音感に非常に優れた人であったに違いない。

しかし、感心している場合ではない。治さねばならない。満足に動けないので、人に迷惑をかける。仕事があって人に会う。会う人ごとに、「腰を痛めまして」というと、みな、なぜかうれしそうな顔をする。そうして、「あれは試しましたか」と教えてくれる。

たいていの人は、腰痛もちである。そうしていろいろな治療法をいう。整体がいい、鍼がいい、なんとかいう薬がいい、ナントカ式体操がいい。いろいろである。みなそれぞれの自説があって、今まで話す機会を待っていたといわんばかりに、始まる。普段寡黙な人でも雄弁になる。

今回も、人に言われて、整体のような奇妙な診療所に行った。最初に足の指先を揉まれた。やたら痛い。ひと通り終わって、最後にまた揉む。今度は痛くない。ほら治ったでしょ、といわんばかりの顔をする。しかし、揉み方が違うのではなかろうか。違う箇所を揉んでいるのではなかろうか。騙されないぞと思った瞬間、治療効果は半分消える。

どうしてぎっくり腰になったかという原因については、百も承知である。以前、病院に行って、さんざん叱られた。うつぶせになって本を読む、腹ばいでパソコンゲームに夢中になる、布団に入って、枕をあごの下に置いてワープロを打つ、というのが私のもっとも気に入った姿勢なのだが、それが何よりいけないらしい。腰にいちばん負担のかかる姿勢であるらしい。しかも、運動不足である。腹筋がまったくない。これがいけない。だからプールへ行けという。泳げないのである。それでもいい、プールのなかで歩くというのがいい運動になる。そうすればぎっくり腰にならないという。本も読まず、ゲームもせず、原稿も書かず、プールのなかでただ歩くだけの生活である。それは人間の暮らしではない。

それはともかく、ぎっくり腰はいい名前である。これと同じような命名法の病気で、ぽっくり病というのもある。本当はくも膜下出血とかなんとかいうのだろう。人に迷惑をかけず、あるときぽっくり死んでしまう。そういう死に方をしたいと願う老人たちがお参りするお寺があるという。願っても無駄だとは思うが、しかし、その名前もたいへんわかりやすい。突然で、しかも明るい。快ささえある。

医学の名前は難しすぎる。もっとわかりやすい病名がいい。認知症とかメタボリック症候群とかノロウィルスとか、わけのわからない名前は人を無駄に恐れさせる。わからないから偉いというものではないだろう。

どたどた　ぜいぜい

前の夜に大阪で仕事があって、そのままホテルに泊まった。翌日の午後に、郡山で仕事があるので、早朝、新大阪を発った。東京を通り過ぎるという移動である。東京駅から乗ったり、東京駅で降りたりということはしょっちゅうのことであるが、東京駅を通り過ぎるのである。生まれて初めての経験は、なんであれ、興奮を誘う。それがあらぬか、とんでもないことになったのだ。

東海道新幹線を降りて、東北新幹線の改札口を通り過ぎたまではよかったのだ。乗り換え時間が一七分ほどあったので、余裕があって、キオスクで飲み物を買おうと思い、財布がないことに気づいた。考えられるのは、乗ってきた列車の座席で落としたのだろうということ。大慌てで、東海道新幹線のほうに戻ったのだけれど、ホームが三本ある。人はどこのホームに着いたのかは忘れるものである。着いた列車のことは、表示も出ていない。多分、ここだろうというホームを駆け上がったら、運良くまだいた。

ドアも開いていたので、いちばん近くの車両に飛び込み、乗っていた一五号車まで走って、座っていた座席の下に財布が落ちているのを発見。やれ、うれしやと思い、さあ、降りようと思ったら、これが恐怖。車両のドアが閉まっているのだ。降りられない。悪いことに、その列車は、清掃してまた使われるのではなく、そのままどっかの車庫に行ってしまう回送電車だったのだ。

早く降りなければならない。そうしなければ、郡山で待ってくれている講演会場に間に合わない。恐怖。

車内では、「この車両は回送されます。間違って乗車されているお客様は、進行方向先頭の車両まで、おいで下さい」というアナウンスが流されている。間違って乗ってしまう人がよくいるのだろう。まだ走り出すわけではない。しかし、よく聞いても、どっちが進行方向かわからないではないか。こういうテープは、どの列車でも使えるようになっている。だから、「進行方向先頭の車両」などと言う。しかし、それが一号車なのか一六号車なのか、わからない。上り列車は一六号車が先頭である。しかし、回送するときはどっちへ動くのか。これは怪しからん日本語だ。

などと考えている場合ではない。ともかく、止まっているうちにこの列車から脱出しなければ、郡山に行けなくなる。とりあえず、隣の一六号車まで行ったのだが、案の定、そこは回送するときの最後尾の車両のようで、誰もいない。ここから先頭車両まで、いったい何メートルあるのやら。呆然としてしまう。一六両で、一両が三〇メートルあるとして、ざっと〇・五キロ。それを駆け出さなければならない。そうしなければ、間に合わない。郡山市市民数百人に迷惑をかける。呆然としている場合でもない。

狭い通路をショルダーバッグの重たいのをさげて、走る走る。どたどた、どたどた。

通路が狭く、ショルダーバッグが座席に当たる。それでもかまわず、走る走る。どたどた、どたどた。

あんなに走ったのは数年ぶり。そのうちに、車両の明かりが全部消えていく。いよいよ走り出すかもしれない。いつホームから離れはじめるかわからない。どたどた、どたどた。

あんな怖い思いをしたのは夢のなかだけだ。悪夢に近い。結局、思いあまって、七両目ぐらいまできたときに、ホームにいる駅員さんらしき人に向かって、窓ガラスを割れんばかりに叩き、

それに気づいてくれた通行人のオバサンが駅員さんに知らせてくれ、運転手さんに連絡を取っ

てくれて、やっと、安心。とりあえずそれからも走り抜け、一号車まで、端から端まで駆け抜けたのだった。それからまた、東北新幹線に戻り、幸いまだ止まっていた予定の列車に飛び込んだ。しかし、それからしばらくは、ぜいぜい、ぜいぜい。

あんなに走ったのは、数年ぶり。座席に座ってからも、宇都宮ぐらいまで、咳が止まらない。ぜいぜい。ぜいぜい。

それにしても、新幹線は、五分おきぐらいに東京駅に到着していて、私のせいで、多分、数分以上の遅れが出たはずで、多大なご迷惑を数千人の人におかけしたのではなかろうかと思います。申し訳ございませんでした。

センター試験の受験生が間違った電車に乗ってしまい、慌てたという記事が毎年出る。私は、毎日が受験生。毎日がセンター試験なんだと思ったのだった。

カタカタパタパタ

今住んでいる家は、築七五年ぐらいになる戦前に建てられた家である。その二階に住んでいる。取り壊さなくてはいけないのだが、老母が反対するので、そのままになっている。

私がいるのは二階の八畳間で、雪見障子があって、その向こうに縁側があって、そこからガラス戸を通して外になる。雨戸は木製で、開けたてが面倒くさい。そのガラス戸が鳴る。ほんとうは硝子戸と書いたほうがいいくらいのものである。それが、風が吹くたびに鳴るのだ。

カタカタ、カタカタ。

いつの間にか、この音を聞かなくなって久しかった。しばらく違う家に住んでいて、三〇年ぶりに帰ってきて、この音を聞く。以前の家はアルミサッシだったから、こんな音はしなかった。

頑丈で、音も立たず、空気を遮断してくれた。この家のガラス戸は、ねじで止める鍵で、くるくる回さないと閉まらない。その戸が鳴る。

カタカタ、カタカタ。

優雅ですね、などと言われる。保存したらいかがですか、などとも言われる。しかし、建ててから、建て増しやら改築やらしているので、歴史的価値などまったくない。

冬が寒いのだ。風がどこやらか侵入してくる。この冬は暖冬で、温暖化のせいだと言われている。それでも二、三日は寒い日があって、布団に入っても震えるくらいだった。風通しがよすぎて、暖房はなんの役にも立たない。どんなストーブを使っても、一酸化炭素中毒にはなりようがない。

これから老いていく私は、温暖化をありがたいと密かに思っているのだが、あまり大きな声では言えない。

冬寒いのも困るけれど、夏もあまりうれしくない。涼しいのだが、虫が入ってくる。蚊がうるさい。隣近所のエアコンの熱風が、夜でも温度を下げない。クーラーも電気の無駄であって、隙間だらけの壁が涼しい空気をみんな外に出してしまう。しかも、古い機械だから、家中が音を立てる。ガラス戸も例外ではない。

カタカタ、カタカタ。

それでも、たまの休日。昼間から寝転んでいることがある。暖かな日差しがあって、春を思わせる風が吹く。すると、戸が鳴り始める。

カタカタ、カタカタ。

せわしなく音を立てるのだが、ゆっくりと聞こえてくるのはなぜだろう。うるさいはずなのに、眠りを誘うように快いのはなぜなのだろう。

昔、子どもの頃に聞いた音である。何もすることがなくて、しなければならないことなどまったくなくて、ただぼんやりとしていればよかった。寝転がって聞いていた音が、変わらずに聞こえてくる。

そうして、やがて、違う音が聞こえてくる。空からである。上空のどこかからかヘリコプターが飛んできた音である。

パタパタ、パタパタ。

青い空の上を、何かの急ぎの用事で飛んでいるのであろう。それでも、乗っている人の事情にはお構いなしに、下界の二階家に寝転んでいる者の耳には、あくまでも軽く、のんびりと聞こえてくる。

パタパタ、パタパタ。

先日、取材の人が来て、どういうのが幸せなときかと聞かれて、例えばそのようなひとときであると答えたら、「そういう時間が仕事の合間にあるから、気分転換になるんですね」とうれしそうに言われた。そうではない。そういう時間があって、その合間に仕事の時間があるのだ。仕事は、そういうゆったりした時間をとるために行なうことなのであって、仕事のほうが、気分転換なのだ。ゆっくりする時間をすごすのが本務。仕事は本務を楽しむためのスパイスなのだ。

ある程度の仕事がなければ、ゆっくりもできない。ゆっくりばかりしていてもつまらない。だから、申し訳に仕事をする。仕事はくつろぐためにすることである。

取材の人は呆れていたようだったけれど、仕方がない。こういう時間がなくて、なんのための仕事か。

カタカタ、パタパタ、カタカタ。

ヘリコプターはどこかへ飛んでいってしまった。けれど、私のほんとうの時間はまだまだ続く。どこかへ花見にでも行こうか。犬と散歩にでも出ようか。それともこのまま眠ってしまおうか。

カタカタ、カタカタ……。

ねばねば　ねちゃねちゃ

ドロドロ血をサラサラ血にするにはネバネバを食べればいいというのは、テレビ情報番組でやっていたことだろうか。ちっとも信じられなくなってしまい困ったことだが、しかし、そんなこととはまったく関係なく、ネバネバ、ネチャネチャのものが好きだったし、これからも好きであるだろう。

ネバネバは見た目であり、口の中に入るとネチャネチャになる。ネチャネチャは、なんだか汚らしいけれど、おいしさと美しさは、関係がない。口に入ればみな同じである。口の中でまとわりつき、糸を引く感覚がたまらない。

個人的なことだが、ネバネバ食には番付がある。東の横綱は、なんといっても納豆である。最近のスーパーで売られている、小粒とか、匂わない、とかいうのは邪道である。石油製品のパックに入れられているところからして気に入らない。あれをそのまま箸で混ぜようとすると、破れてしまいそうな気がする。だからといって、小皿に入れ替えようとすると、汚れてしまい、食器を洗ってくれる人が文句をいう。やはり藁づとに入っているのがいい。大粒で臭いのがいい。発酵の最中で、ふんわり柔らかい。できれば豆腐屋で売っているのを買ってきてほしい。

しかし、贅沢はいえない。スーパーのでもよい。とりあえず、箸で混ぜられるだけ混ぜる。やがて白くなり、粘りが強くなる。それから味をつける。タレが透明のビニールの小袋に入ってついているが、手に納豆がついていて、ちょうどよく切るのにすべる。苦労して、からしを入れて、ご飯の上にかける。おいしい。

ねばねば。ねちゃねちゃ。

西の横綱は、山芋である。それも、自然薯《じねんじょ》がうまい。長く硬く細く土に汚れている。いのししが掘り返しているのを横取りしてきたようなのがいい。すっていて、手が痒くなるような、食べていて唇が腫れてくるようなのがおいしい。ダシや玉子は混ぜない。硬いまま、塊のまま、しかし粘って弾力が強く、のびる。醤油をヒトたらし。少し硬めのご飯の上に載せる。完璧である。

ねばねば。ねちゃねちゃ。

ネバネバ系のものは、他にもあるが、横綱を張れるほどの迫力がない。オクラもレンコンも、それなりにおいしい。大好きである。しかし、納豆や自然薯のような強さがない。

別格的にネバネバでおいしいものとして、お餅というのがあるが、これは横綱とか大関とかいうような序列に入れられる食べ物ではない。勧進元である。

長くこのような番付を作って安心していたのだが、最近ここに強力な新人が出現した。知っている人はずっと前から知っていたのだろうけれど、私には未知のものだったのだ。

宮城県の南三陸町という所にいって、お土産をもらってきた。教育委員会の人が漁師さんを兼業していて、その家で取ってきて作り置きしたイクラとメカブをもらったのだ。

イクラはおいしい。そのおいしさは、私の筆力を超えるが、しかし、知っているものである。私が驚いたのは、メカブの叩き。これが驚くべきネバネバ食なのだ。

居酒屋などではメカブは細く切って酢で食べる。しかし、このメカブは叩かれまくっている。その粘りは、納豆、自然薯に匹敵する強さがある。その色は、太平洋の海を思わせるコバルト色。そして、海の味。まずいはずがない。これをご飯の上に載せて、ついでに、もらったイクラをたっぷりと載せてしまう。至福。

ねばねば。ねちゃねちゃ。

食べながら思った。こういうネバネバ食を外国で食べたことがない。机以外の四本足はすべて食べるとかいう中国でも、ネバネバのものはない。南方の少数民族の市場で納豆を見たという人がいたが、ネバネバのまま食べるかどうかはわからない。南島ではヤム芋を食べる。日本の山芋と同じ種類だが、彼らは加熱したりあく抜きをして、粘り気をなくしてから食べる。西洋料理で糸を引くのはチーズであるが、しかし、食べる前に粘っているだけで、口のなかではネチャネチャ感がまったくない。

ふつうのホモサピエンスは、身体に毒であることが多くて、ネバネバのものを食べたがらない。日本列島にいるホモサピエンスだけが、この奇妙なものをおいしいと思って食べることができる。日本人は、人類の食文化の到達点にいて、その極限を指し示している。

それにしても、メカブの叩きはおいしい。スーパーで売っているメカブも、叩けばこんなになるのだろうか。やはり三陸の美しい海水で育った旬のメカブでなければならないのだろうか。

ねばねば。ねちゃねちゃ。

びっくり　じっくり

仕事があって、ラジオの番組を四日間、朝の九時から夕方五時まで、立て続けに聞くということをした。ラジオ番組の審査員を頼まれたのだ。

私はおかげさまでラジオの仕事もやらせてもらっている。そのうちのひとつは、地方のＦＭ局に配信されるもので、一週間に一度、九〇秒ほどおしゃべりをする、というものである。東京では聞けないので、私自身、聞いたことがない。毎月一回、半蔵門にあるスタジオで、四、五回分をまとめて録音するだけである。

あるとき、なじみのディレクターが、「センセイ、びっくりですよ」と言う。どうしたのかと思ったら、私の放送が、福井県の聴取率調査でダントツの一位だったという。確かにびっくり。

「おかしいと思って、プロデューサーと調べたんですよぉ。前後の放送が人気があると、そういうことが起きるんですが、前後はそんなに高くないんですよ。何かの間違いじゃないかって言ってたんですが、大勢の人に調査しているわけで、一人二人が間違えてても、そんなに数字が変わるわけないんですよぉ。どうしたんでしょうかねぇ」

おいおい。一緒に番組を作っている人が、そんなこと言ってどうする。素直に喜べばいいではないか。それを、何かの間違いとは何事であるか。しかし、びっくり。

福井県だけであるという。ほかのところでは、普通のそれなりの数字であるという。

福井県にはなぜか三回、講演に呼ばれた。いろいろなところへ行くけれど、三回も呼ばれる県は、あまりない。一度も呼ばれていない県など、まだゴマンとある。そのせいだろうか。福井県のアイドル。知事選挙に出たら、いいところへいくかもしれない。それにしても、びっくり。

そのような仕事をしていることもあって、ラジオ番組の審査員もしたのだ。それにしても、四日間、のべ三二時間、スピーカーを前にして、おしゃべりもせず、じっくりとラジオの音に耳を澄ます。

じっくり、じっくり。

ラジオというのは、こんなふうにして聞くものだろうか。私がラジオを聞くのは、運転中の車のなかか、あるいは床屋である。何かをしながら、ついでに聞く。聞くともなしに聞く。あまりじっくり聞くことはない。きわめて散漫な態度である。気を散らす材料に過ぎない。

じっくり、というのは、心を集中させることである。ほかに何もしない。体を動かすこともない。じっと、というのと似ているけれど、しかし「じっくり」の「くり」の辺が、掘り下げる、というイメージをもつ。「じっと」は、体を動かさないというだけであるけれど、「じっくり」は、じっとしていながら、頭のなかを掘り下げて、考えることをする。じっくりと聞いて、じっくりと考えて、じっくりと書く。精神的な行為である。

大の大人たちが、机に座って、前に鎮座するスピーカーから流れる音に意識を集中させていい悪いを決める。そのような審査方法が、「ながら聴衆」に向いたラジオ番組の評価に正当なのかどうかは、実はよくわからない。しかし、決められている方法なのだからそれに従う。一緒に審査員をしている方たちは、この道ウン十年という大ベテラン放送関係者たちばかりなのだ。

こんなふうにラジオを聞くのは本当に久しぶりだと思いながら、あらためてじっくりと聞いてみると、テレビとの違いがよくわかる。なかには、画像のないテレビではないかというような番組もある。しかし、ラジオでなければできない優れたものが確かにある。

声が違う。自分の言葉で語っている声とそうでないものとの違いが、如実に現われる。テレビで流れる声は、薄っぺらである。自分の言葉ではなく、誰かに語らされている。台本があったり、制作会社の意図通りのことを話す。あるいは、テレビを見ている人たちに合わせた言葉を語ってしまう。ラジオで聞く言葉には、そんなことを何も考えない素直な言葉が多くある。自分の考えている通り、自分の感じた通りの言葉が、つぎつぎと出てくる。

テレビにはテロップというのがあって、聞き取りにくい言葉は画面上に文字化される。ラジオはそういう補助手段がないから、生の言葉を聞くしかない。しかし、テロップなんかなくても、その気にさえなれば、人の言葉は十分聞き取れるのだ。外国人の日本語でも、地方の方言でも、じっくりと聞けば、理解できるのである。そうして、じっくり聞き取ろうという態度があると、語られている言葉の真偽や深浅をも、はっきりと判断できるようになるのではなかろうか。

声のもつ力、言葉のもつ力というようなものを改めて感じることができて、三二時間のラジオ聴取は貴重な経験だったのだが、それにしても、こんなふうにして聞かれたら、私のラジオ番組など、いっぺんで審査外になってしまうのだろうと思ったのだった。

クラムボン　かぷかぷ

人は言葉を作り出すことができない。勝手に作っても、他人に理解されることはない。今日から「寿司」を「キトケマ」と言うことにして、「おキトケマを食べに行こうよう」と言っても、相手にされずに終わる。言葉は作り出せない。

しかし、例外というのはあるもので、擬音語・擬態語という、本書のテーマになっている言葉は、作り出すことができる。あくまでも例外的な言葉なのである。

ただし、擬音語・擬態語は、ある程度相手に共感させる必要がある。いかにもそんなふうであると思わせなければならない。だから、常人に作り出せることではない。

こういう言葉を作り出すには、特別な才能が必要なのだろうと思う。そういう才能をもった人を一人挙げよと言われたら、躊躇なく一人の天才の名前が思いつく。宮沢賢治。「クラムボン」という耳慣れない言葉も、彼が作った。賢治ファンであれば、すぐに思い出すであろう。「やまなし」という作品に登場する。


二疋《ひき》の蟹の子供らが青白い水の底で話していました。

『クラムボンはわらったよ。』

『クラムボンはかぷかぷわらったよ。』

『クラムボンは跳ねてわらったよ。』

『クラムボンはかぷかぷわらったよ。』

上の方や横の方は、青くくらく鋼のように見えます。そのなめらかな天井を、つぶつぶ暗い泡が流れて行きます。


いったい、このクラムボンはなんなのか。蟹の子どもには見えているのであろう。あるいは感じられているのだろう。わらうということをするのだから、動くものなのであろう。それも、かぷかぷ笑うのである。

少しあとに、現代日本語の散文が作り出した最も美しい水中の描写がある。

『クラムボンはわらったよ。』
『わらった。』

にわかにパッと明るくなり、日光の黄金は夢のように水の中に降ってきました。
波から来る光の網が、底の白い磐《いわ》の上で美しくゆらゆらのびたりちぢんだりしました。
泡やごみからはまっすぐな影の棒が、斜めに水の中に並んで立ちました。

クラムボンは、魚ではない。なぜなら、魚が泳いできて、カワセミに獲られてしまう場面がある。この物語のなかで、魚は「魚」と、はっきり名指しされている。
季節は春である。水の澄んだ小川である。川底の蟹から見える天井の水面なのだろうというのが、最も常識的なところだろうが、どうもそれだけではない。春の流れの水底の光、ぬくもり、移ろう色や影、ひょっとすると匂いや音や味さえあるかもしれない。その全体的気分。蟹の子どもらが全身で感じている水中の感覚を、一語で表わす言葉が、日本語にはない。それを無理やりに表わそうとしたとき、「クラムボン」という語が賢治の筆先に走ったのではなかろうか。

これは、名詞ではなく、意味的には擬態語なのだろう。その音が不思議なリアリティをもってしまっているので、不可解な言葉をいきなり使われた読者も、知らず知らずに納得させられてしまう。

そういう得体の知れない、しかし確かに想像力のなかで感覚されるものだから、「かぷかぷ」わらったとしても、いかにもありそうなこととして、自然に受け止めざるを得ない。

『クラムボンはかぷかぷわらう』のである。クラムボンがかぷかぷわらっているのを私も見てみたい。きっと無邪気に清潔に素直に静かにわらうのであろう。

きゅっきゅ　ぴかぴか

私はメガネをかけている。

コンタクトレンズは、なんだか怖い。慣れれば大丈夫だというけれど、それでも怖い。まして、うら若き少女でもあるまいし、今さらメガネを外してどうなるという歳でもない。ともかく、目に異物を入れて、それで構わないという神経が、信じられない。

かなり大人になるまで、目薬をさすのが苦手だった。他人が目薬をさしているのを見るのも嫌だった。こちらまで、目が潤んできてしまい、涙が出てしまうのだ。しかも、目薬をさすとき、どうしても口が開いてしまう。間抜けである。そうしてなぜか、目薬の味を感じる。どうしてなのかわからないけれど、目には味覚を感知する器官が間違って存在するのだろうか。そういえば、いつかテレビで、飲んだ牛乳を目から出す奇人というのを見たことがある。ヒトの身体は、思わぬところでつながっているらしい。

それはともかく、メガネをかけている。そうして、あまり拭くことをしない。大学の会議中に、完全に手持ち無沙汰で、タバコも吸えないというようなとき、しかも居眠りをするほどの眠気もないとき、運良くティッシュを持ち合わせていると、メガネを磨くことになる。

きゅっきゅ。きゅっきゅ。

メガネをかけている人にとっては常識的なことであるのだが、メガネのレンズは、顔の外側の面が汚れているかと思われるかもしれないのだが、実は顔に向かった面、つまり内側のほうが汚れるものなのである。外の外気に当たって、さまざまなホコリがレンズに付着しているかと思いきや、体液が皮膚から分泌して飛び散っていて、それがメガネの内側のほうを汚すのだ。それは私には、小さな驚異である。生きていることは、それだけで世界に汚れを撒き散らしていることなのだ、という心境にさせられる。しかし、ともかく磨く。

きゅっきゅ。きゅっきゅ。

私のメガネはいつも曇っている、と言う知人がいる。確かに、モノグサなので、汚れていることのほうが多い。「よくそれで平気だね」「貸してごらん。磨いてやるよ」と言われたことさえある。神経質できれい好きな人には、私のメガネの汚れが怒りの対象になるのかもしれない。自分の都合で勝手に怒られても困る。このように汚れたままにしているのには訳があるのだ。

きゅっきゅ。きゅっきゅ。

そうして、きれいになったメガネをかけるときの感じが、なかなかうれしいのだ。世の中が一割ぐらい、美しく見えてくるのだ。

ぴかぴか。

気づかぬうちに、世界をうすぼんやりと見ていたことがわかる。曇ったレンズ越しの世界は、単調で、うんざりさせられることばかりだった。しかし、ぴかぴかになったレンズを通して見るこの世界は、案外見捨てたものでもないのだ。

白内障を患った知り合いがいて、手術をした。その後病院を見舞ったら、「このゴミ箱が青かったことに気づいた」と言う。ベッドサイドのプラスチックのゴミ箱でさえ美しく見えるのだ。彼にとって、それまでの世界は、さぞかしつまらなく見えていたに違いない。白黒テレビで見ていたドラマを、初めてカラーテレビで見たときの感動のようなものだろうか。彼は手術後、この世界にいることが少しうれしくなり、気分が変わったという。花が美しく、空が美しく、人の顔が美しく見えるようになれば、気分が変わるのは当然である。

私がメガネを磨いたときに感じる喜びは、それほど劇的ではない。しかし、似たようなものでもあるだろう。プチ白内障の人間が、プチ手術を行なうようなものだ。

メガネをかけている人は、いつもそのような小さな喜びを感じられる。とくに、私のような、めったにメガネを磨かない人間は、その分汚れもひどいので、ぴかぴかになった世界を感じる喜びも大きい。いつも磨いている人には多分味わえない喜びがある。だから、あまり磨かないのだという言い訳にもできる。

最近、生きていてなんとなくつまらなく思えてきている人は、メガネを拭いてみるといいかもしれない。この世の中は、思っていたより明るい世界かもしれませんよ。

ごろごろ

高速道路を走っていて、トイレに行きたくなり、パーキングエリアに入る。そういうときに、団体のバスの一群と一緒になると、たいへんなことになる。男性用トイレに、おばさんたちが侵入してくるのだ。

女性用は長蛇の列になる。我慢しきれない、あるいは早く済ませたい。そういうおばさんたちが、恥ずかしげもなく、男性用トイレも使おうとするのだ。あまりに無神経なのではないかと思っていたのだが、これは日本だけではない。オランダでもそうだった。

「アムステルダム・コンセルトヘボウ」へコンサートを聴きに行った。休憩時間に個室のほうに入って、用を済ませた。ドアを開けたら、ドレスを着たしゃんとしたおばさんたちが、ニコニコして立っているのだ。びっくりして早々に逃げだした。こっちが悪いわけではないのだが、おばさんパワーには、洋の東西の区別がない。

今は高速道路公団が考えたのだろう。女性用が広く大きくなっていることが多く、前ほど、男性用のトイレで女性に出会う率は減ったように思う。

それはともかく、倉敷に行ったのである。タクシーに乗って、中年のおじさん運転手さんと話した。

ずっと以前、アンノン族というのがいた。女性向けの雑誌に特集される観光地として、倉敷は嵯峨野や神戸などと並んで、すっかり有名になり、蔵屋敷沿いの美しい道は、たくさんの若い女性で賑わっていたのを覚えている。

今でも、土日は若い女性客が多いのだが、平日は、なんといっても中年女性の団体客である。かつてのアンノン族が、再び思い出の地を訪ねてきているらしい。それにしても、おばさんたちは元気である。奥さんたちはあちこちと出かけ、おいしいものを食べ歩き、おじさんたちは疲れて家で留守番しているのを、どうなっているのかねえ、と、運転手さんと話していたのだ。

ウチでもそうです、と運転手さんが言う。息子が家に帰ってきて、「母さん、またどっかへ行くのか」と聞かれ、「知らないよ」と答えると、「だって、カレー作ってるぜ」と言う。はたして翌日、奥さんは、「じゃあ今日から一晩、どこそこに旅行に行ってきます」と言って出て行くのだという。

奥さんたちがどこかでタラバガニ食べ放題でもしているときに、お父さんは、仕方なく、お鍋のカレーを温めて、ビールを飲んで、寝転んでテレビを見るのだ。

奥さんたちは、明日から旅行であるというと、カレーを作り始める。

ぐつぐつ。ぐつぐつ。

この話を、あるとき、中年女性にしたら、まったくその通りである。みんな、出かける前にカレーを作ってきている。だから、旅行中には、決してカレーを食べたいと言わない。出がけにうんざりするほど食べてきた、とみんな言うらしい。

ぐつぐつ。ぐつぐつ。

一方、お父さんたちは出かけない。疲れている。たまの休みにも、どこかへ出かけられる体力がない。

ごろごろ。ごろごろ。

だから家で留守番にもならない留守番をする。ビールを飲んで寝転がるのがいちばんの安らぎである。

ごろごろ。ごろごろ。

パーキングエリアのトイレを占拠して、勝手し放題をしているように見える奥さんたちも、実は出かける前に、ちゃんと家族たちの心配をして、手間をかけている。そうして、後顧の憂いなく旅行に出かけられる。あの中年女性の団体客の向こう側には、大量の作り置きのカレーやシチューが入った無数の大鍋があるのだ。それは、なんだか、とても安心できる現代の日本の風景である。

とろとろ　とろり

文部省唱歌というのがあって、最近は教えられなくなったらしい。大変残念だ。唱歌にはいいものがたくさんあるけれど、題名がすぐに思い出せない。唄えるのだが、題がわからない。それでも調べればすぐにわかることなので、あまり気にならない。で、私の大好きな歌のなかに、

囲炉裏火はとーろ、とーろ
外は、吹雪

というのがある。父親がかつて兵士として赴いた戦場のことを語る。それを聞いて、子どもた

ちは手に汗握る、というのだ。考えてみれば、この父親が語っていたのは、第二次世界大戦ではないだろう。日露戦争か、ひょっとすると日清戦争や、あるいは最後の内戦だった西南戦争のことかもしれない。

私は当然、そのように思い、古い話をしているのだなあ、と思っていたのだが、そう考えていた小学生の私にとって、それらの戦争は、日露戦争でさえ、六〇年前のことである。ところが今の子どもにとって、あの太平洋戦争が、すでに六五年前のことになっているのだ。

戦争の記憶が風化していることを嘆く声は大きいのだが、今の子にとって、この前の戦争は、私にとっての日露戦争よりも、もっとずっと前の話なのだ。日露戦争は、私にとって化石のようなものだった。記憶の風化は防がなければならないけれど、仕方がないことなのかもしれない。

それはともかく、私が好きなのは、囲炉裏火がとろとろと燃えているという描写である。

囲炉裏の火は、激しく燃えているわけではない。ろうそくのように明るくない。ガスのように熱くもない。わずかに炎を立てて、静かに周囲を暖めている。

囲炉裏を囲んで、両親も子どもも寄り添っている。火は中心にある。しかし、中心であることを主張しない。ぼんやりと真ん中にある。ときどき、隙間風によって、炎が揺らめくことはあっても、静かに、燃焼している。

囲炉裏の熱は放射され、外側から家族を包み込んでいる。温かみは、周りからも、やってくる。とろとろ燃える火は、それを囲むものたちを包み込むのである。

静かである。しかし、気づけば外は吹雪である。しかし、火のおかげで、人は安心しきっていられる。子どもたちは一切の不安を感じることなく、親に、そして火に、抱きとめられている。そういう火は、あくまでも優しく、とろとろと燃えているべきであろう。

液体なのだが、少し固体になりかかったものは、とろりとする。なめらかな固体。なめらかな液体。さわれるような、掬《すく》えるような、でも指の隙間からすり抜け落ちていくであろう液体。化粧品の乳液やオリーブ油。上質の酒や醤油。

お湯に片栗粉の溶かした水を加える。とろりとする。それだけで、旨味が濃くなったような気がする。味がまろやかになり、素材にしっかりとまとわりついて、落ち着く。

気分が陶然としてくるとき、とろとろになるという。部下から口々に賞賛の言葉をささげられたとき、人が若い異性にちやほやされたとき、教師が卒業生たちから感謝されたとき、人はとろとろになる。犬や猫でさえ、首筋やあごの下をなでてやれば、とろとろになる。いや、本当のところはよくわからないけれど、とろとろになっているような気がする。

気分がカサついていて、渇ききる。ささくれ立って、騒がしくなる。そういう状態の心の表面に、ゆったりとなめらかな、液体のような固体のような気体のようなものが覆っていくと、気持ちが穏やかに、潤っていく。とろとろのシロップのように、心も静かになる。柔らかに安らぐ。周りの空気のなかに融けていってしまいそうになる。力が抜けて、身体の桎梏《しっこく》から解き放たれる。そのとき身体は、半分固体でありながら、半分は液体のようになっている。だから、とろとろなのである。

マグロのトロも、山芋のとろろも、あるいはひょっとすると、アニメのトトロも、このとろとろという言葉の連想から、私たちに親しまれているのではないか。私たちはたぶんとろとろが大好きなのだ。とろとろになりたい。

そわそわ　まったり

若い頃、一年でいちばん好きな月は一二月だった。今考えれば、時間と気力をもてあましている時期だったのだ。

駅前の喫茶店で、外の見える席に陣取って、街を歩く人々をぼんやりと眺めながらコーヒーをすすり、タバコをすう。ジャズがゆっくりと流れ、ストーブが暖かい。カランコロンとドアのちょうつがいの上にある鐘がなって、背をかがめたお客が入ってくる。冷気がいっとき流れ込んで、しばらく落ち着かないのだが、また室内の空気がゆっくりと元に戻っていく。

外から来た客は、みな、そわそわした雰囲気を運んでくるのだが、店のなかでそれが融けて消えていく。マスターは、新聞を読み始め、二人連れの客はぼんやりとおしゃべりを続ける。

一歩外に出れば、せわしない世間に出合うことができる。そういうせわしなさにあるからこそ、店のなかのゆっくりした時間がうれしい。今の若者の言葉では、こういう時間を、まったり、と言う。

気の置けない二人が、とくに話すべき事柄もなく、しかし互いに近くにいて、何も話さず、ぼんやりとした時間を過ごす。それを、まったりする、と言う。その間、何をしていたのか、あとになってから思い出せない。しかし、ある種ゆっくりと心地よい時間が流れていた。

京都の料理などで、まったりという言葉がある。葛のかかった聖護院大根の煮物とか、鱧《はも》の茶碗蒸しなど、味が薄いのに、だしの濃さを感じさせ、素材の味が尖らずに、まとまって、食べていると眠たくなるような味のことだろうが、若者たちはそれを精神的状態に意味を拡張して使う。

いつの時代でも、若者は時間をもてあましている。お金もない。社会的な力もない。身体的エネルギーはあるけれど、使い道がない。それで、退屈しながら、その退屈を楽しんでいる。それがまったりである。

大人になると、なかなか、そういうゆとりの時間は取れなくなる。常に時間に追われながら生活させられる。少しでも暇な時間があると、かえって、いらいらしてしまう。まったりとした時間を楽しむ余裕がなくなる。

大人はせわしない。つねにそわそわ、動き回る。落ち着かない。誰かが自分を見ているようで、絶えず周りをうかがう。休んでいることに罪悪感さえ覚えてしまう。何かしていないといけないような気にさせられる。

日本人は食事を楽しまない、とよく言われる。長い時間をかけて食事をするのはイタリア人とか、ラテン系の人々であるという。日本人はそわそわしながら食事する。ラテン系は、仲間と騒ぎながら、まったりと食事を楽しむ。そのほうが人間的であり、健康的に感じられる。日本人にとって食事は義務であり、仕事の一部になっている。本当だろうか。

一般的に、何々人は……という一般化、ステレオタイプは、あまり信じないほうがいい。せっかちなイタリア人はいるし、生活を楽しむ日本人ももちろんいる。人それぞれであるけれど、しかし、昼日中、ゆっくりと昼寝の時間のある国々へ行くと、やはり、日本人は変なのではないかと思ってしまう。働きすぎであり、その時間を楽しんでいるようにも思えない。満員電車のなかで全員が仏頂面をしているのは、異常な光景である。そんなにつらいのなら、仕事をやめたほうがいいのではないかと思ってしまう。

年末、皆がそわそわしているときに、まったりと喫茶店にいるのは何よりも心地よい。世の中に寝るより楽はなかりけり、世間の馬鹿は立って働く、という戯れ唄がある。しかし、寝ていて気持ちがいいのは、働いている人を見ているからでもある。額に汗して働いている人、そわそわと歩いている人、何事かの仕事があってそわそわと落ち着きなく動き回っている人たちを見ながら、まったりとしているのが、うれしい。

更にいえば、そわそわしようと思えば、できないわけでもないのだが、そこであえてまったりとするのが楽しい。その贅沢は、お金であがなえない贅沢である。お金はないけれど健康な体だけはもっている若者が、どんな金持ちにもできない贅沢をすることができる。それがまったりすることである。

じゃみじゃみ　がぽじゃぽ

知らなかったのだが、福井県には「じゃみじゃみ」という言葉があるそうだ。擬態語の方言である。

テレビの番組がすべて終わり、何も映らなくなる。画面がちらちらと灰色になる。業界では、「砂嵐」と呼ぶ状態のことを、福井県では「じゃみじゃみ」と言うらしい。

その言葉を全国区にして、いずれは国語辞典に採用されることを目指している人たちがいる。それで、どうしたらいいかという相談を受けた。ホームページもできている。福井県の一部は、じゃみじゃみで盛り上がっているのだ。

まず、福井の人には申し訳ないのだが、その可能性は非常に低いと言わざるを得ない。それは、言葉というものの本質から考えなければならない。

私たちは、さまざまなものや状態、事柄について、名づけている。それが言葉である。なぜ、名づけをしているかといえば、それが便利だからである。よく目にする、経験する、感じる。そういったコトガラには名前、つまり言葉がついているほうが便利である。必要だから名づける。そのようにして私たちの日本語であれば、通常二〇万語ぐらいの語彙がある。

で、あまり目にしない事柄、めったに感じない気持ち、およそ重要でないものについては、専門家には専門語のようなものがあるけれど、一般的な語彙になることはない。

「じゃみじゃみ」というのは、あまり重要ではないコトガラなのである。

テレビの番組が終わる。そうしてそのあと、砂嵐のような画面に変わる。すると人はどうするか。テレビのスイッチを切るか、チャンネルを変える。つまり、あまり見ることがない。その画面を楽しまない。その画面を賞味しない。その画面について語ることを何ももたない。重要性を感じない。だから、名づけることをしない。わざわざ新しい語をそこに貼りつけることをしない。

擬態語は音の感覚とそれが指示するものとがフィットしなければならない。その点で、「じゃみじゃみ」というのは、なかなか見事に当てはまっていると思う。だから、かなり優秀な擬態語であるとは言える。生き残る可能性がある。しかし、いかんせん、名づけの必要性が低すぎる。

気づいてみると、東京に住んでいる人間にとって、ほとんどのテレビは二四時間、何かの番組をやっており、いつのまにか、あの灰色の画面を見ることがなくなっている。ケーブルテレビなどにつないでいれば、それこそ無数のチャンネルがあり、あの画面をめったに見ることがなくなっている。

福井の人は言う。福井には民放が二つしかないのだ。だから、あの画面を見る機会が多く、それに名づけたくなるのだ、と。それはそうかもしれない。東国原《ひがしこくばる》知事によると、宮崎県もその状態で、民放に関しては、オモテとウラと言うそうだ。宮崎なら、じゃみじゃみは生きる可能性がある。

「がぽじゃぽ」という言葉がある。これは、馬が田んぼのなかで鋤を引くときの擬音語であるという。確かに馬は水田のなかを、「がぽじゃぽ」と進むであろう。馬の足がぬかるみのなかにはまり、そこから抜き出す。水音と足音と、そこで跳ね上がる泥水まで見えてきそうな擬音語である。これはかなり見事に情景を写し出しているとは思うけれど、しかし、やはりその情景を写す必要性があまりに低い。

心にそぐう言葉ではあるけれど、あまりに意味範囲が狭すぎて、使い道がない。言葉は、センスだけでは残らない。言葉はやはり役に立たなければならない。残念。

煌々 凛々

冬になると月が輝き出す。秋の名月は有名だけれども、私は冬の月が好きだ。秋の月は、昔から人に見られ慣れているような緩みを感じてしまうのだ。月なのだから、人に見られていようが見られないでいようが、一切関係がない。秋の月、などと喜んでいるのは、とくに東洋の島国のほんのわずかな人数でしかないし、その歴史もたかだか一五〇〇年ぐらいで、宇宙の生まれた気の遠くなるような時間にすれば、ほんの一瞬にすぎない。であるにもかかわらず、人に見られ続けてきたような媚《こび》というか物憂さのようなものを感じてしまう。

去年の仲秋の名月を、京都の鴨川の畔で見てしまったのがいけないのかもしれない。夕方で、東山からゆっくりと上ってきたのだ。いかにもそれらしく、人によってつくられた風景なのだ。

山の形も月の色も、自然の一部に過ぎないのに、すでに何万回も言語化され、賞味され続けた余裕のようなものがあって、歌舞伎の名優が登場したときのような、わざとらしい艶さえも身につけた月だったのだ。

そこへいくと、冬の月は違う。寒い。夜空に輝く。澄んだ月が山のなか、林のなかに上がる。枯れた木々の間で、ただでさえ冷たい風が吹くのに、凍えるような月が浮かぶ。見られることを意識していない。何も飾らない。ぶっきらぼうで、愛想がない。そのままの姿。見たければ見ればいいじゃないか、というような、何も考えない素顔の月。冴え冴えと、煌々《こうこう》と光る。硬く引き締まった光。

煌々と光る。「煌々と」というのは漢語である。つまり中国語である。

本書では擬態語を取り上げていて、擬態語は和語が多く、そこから、日本語には擬態語が多い、と思われるかもしれない。擬態語が多いのは日本語の特徴であるというような人がいるけれど、しかし、そんなことはない。お隣りの中国にも、立派な擬態語がある。

煌々と、という。こうこうと、と読む。いかにも月の硬い光を表わしているように思える。とくに冬の月である。

しかし、よく考えると、煌々は中国語である。音は日本語と同じではないはずだ。中国語ではどう発音されるのか。調べた。

ふぁんふぁん。

なんだ、これは。月の明かりがふぁんふぁんか。こんなもの、月の光を表わしていると言えるのか。李白の有名な詩に、寝床から起きだして月の光を見た、というのがある。あの月の光は、ふぁんふぁんと光っていたのか。地面を照らす明かりが地上の霜のように見えた、というのだから、冬に違いないと思うのだが。

中国大陸の月は、ふぁんふぁんと光っているのかもしれない。光が拡散していて、どこか宇宙的な神秘性がある。私が中国で見た月は、北方だったから違うのかもしれない。江南の温暖な地であれば、そのように月が照っているのだろう。日本の月でいえば、春の月に近いのではなかろうか。どこか温もりのようなものも感じてしまう。

煌々というと冬の月。ふぁんふぁんは春の月。

このように、漢語からきた擬態語は、日本語音と中国音が違うので、油断がならない。音の感じで、季節まで変わってしまう。しかし、同じような音である場合もあるので、少しうれしい。

凜々《りんりん》と、というのがある。凜とした、というのは、最近女性誌などで見かける。「女性の品格」とかいうと、「凛とした立ち姿」が思い浮かぶ。勇気凛々、というのもある。

この凛々は、中国語でも、りんりん、と発音する。

きりりとして、潔い。何より姿勢がいい。強そうで、しかも美しい。引き締まっている。緊張感がみなぎっている。

そういう様子を、りんりん、という音で表わした。

細さがあり、チカラがあり、硬さがあるけれど、すっくとした格好良さがある。

今どきの若者は姿勢が悪くて、あまり凛々としていないように言われる。深夜のコンビニの前でうずくまっている人たちには、およそその気配さえもない。今の日本が失ってしまった古きよき時代の姿であるとさえ言われたりする。けれど、今でも時々、そういう若者を見ることがある。いつもではないけれど、時々そうした姿を見せるのだ。

いつの時代でも、凛々とした人というのは少ないのかもしれない。だからこそ、言語化されて、称揚されるのであろう。

煌々とした月影の下で、凛々とその気概を燃やしている若者が、きっとどこかにいることを信じる。

ぽりぽり　ぽりぽり

原稿を書きながら、食べるものがある。塩豆である。東京・麻布の街のなかにある、有名な老舗が作っている。デパートに行くと買える。

原材料は、えんどう豆、貝カルシウム、食塩、でんぷん分解物、調味料（アミノ酸等）と書いてある。指輪に納まる程度の真珠くらいの大きさ。白く、どこかが割れて、いびつな形をしている。見た目は無愛想である。どれも同じように見えるのだが、よく見ると一つ一つが違う形をしている。

ほのかにしょっぱい。かすかに、豆の甘さがある。飾り気がなく、地味な味であり、単純なようで、深い味がする。

これが飽きない。それぞれの豆が微妙に異なる味をもつ。二〇粒くらいを小皿に出して、一行書いては、食べる。二行書いては口に運ぶ。いつの間にかなくなるので、また小袋を開けて、小皿に出す。なくなるのは惜しいので、少しずつ、食べることにしている。

ぼりぼり、ぼりぼり。

恥ずかしくて、頭を掻いているのではない。塩豆を噛み砕くのである。

ぼりぼり、ぼりぼり。

これで、熱い煎茶などがあれば、言うことがない。ビールでもいいだろう。原稿を書く仕事がなければもっといい。

先日、この豆屋の麻布本店に行く機会があった。豆屋の近くにある福井料理の店に誘われたのだ。越前ガニを食べさせてくれるというのだ。さっそくインターネットで地図を調べ、豆屋と店との位置関係を確かめ、出かけたのである。近所に悪名高き六本木ヒルズがそびえている。しかし、このあたりは、人が生活できる匂いにあふれている。豆屋さんはすぐに見つかり、さっそく、本店でしか手に入らないという、特上塩豆というのを買った。

特上塩豆は、いつもの塩豆を更に小さくしたものである。原材料は青えんどう、貝カルシウム、食塩、海藻類、それだけ。

これが硬い。硬いお菓子はせんべいやプレッツェルなど、いろいろあるが、たぶん、この特上塩豆はいちばん硬い。普通の塩豆は、ぼりぼりと噛むと、それで一応砕けて、飲み込むことができる。しかし、特上は違う。一通り噛み砕いて、飲み込もうとしても、更に硬く、もう一度噛み砕くことができる。

ぽりぽり、ぽりぽりとしてから、更にまた、ぽりぽり、ぽりぽりできてしまうのだ。二倍、感触が楽しめてしまう。しかも、噛めば噛むほど、滋味が出る。小さいくせに、味が濃い。それでいて、寡黙である。普通の塩豆が四十代の働き盛りだとすれば、特上は七十過ぎの頑固老人の味わいである。

ぽりぽり、ぽりぽり。

で、当日、特上塩豆を買えたところまではよかったのだ。そこから歩いて行ったのだが、本来の目的である福井料理の店が、あるはずのところにない。ネットの画面上で見ただいたいの見当のところに見つからない。弱ってしまい、仕方なく、豆屋さんまで戻り、この辺のことはなんでも知っているという番頭さんみたいな人に聞いたのだが、わからない。新しい店が多いからねえ、と言われ、じゃあというので交番に行った。

しかし、交番でもわからない。インターネットで調べればいいと思いつき、お巡りさんに聞いたら、コンピュータは置いてない、ここからいちばん近いネットカフェは六本木だ、と言う。インターネットは、店の名前さえわかれば、すぐに検索できる。今やこのIT時代にあって、交番にインターネットは必需品なのではないかと思い、これは原稿のネタになる。提案する価値があるとか思いながら、しかしそんなことで喜んでいる場合ではない。既に約束の時間を三〇分近くオーバーしている。ケータイの番号は教えない主義だから、やきもきして待っている相手の人も困っているに違いない。相手の番号も聞いてない。

思いついて自宅にいる娘に電話して、インターネットにつながせて、やっと店の電話番号を知ることができ、それでなんとか、無事、おいしい越前ガニにありつくことができたのだった。

翌日、大学に行って、その顛末を学生に話し、インターネットにつながせたぼくの機転をほめてもらおうと思ったら、「センセイ、ケータイでできるんですよぉ」という答え。早速つないでもらったら、確かにケータイでインターネットができてしまう。私もまた、IT社会に乗り遅れているのだった。恥ずかしい。

ぽりぽり。

ペラペラ　スラスラ

言葉に関する擬態語に、ペラペラというのがある。

次々と言葉が出てきて、よどみなく話せる。はっきりと、少し大きめの声で、いくらか早口におしゃべりをする。立て板に水である。

外国語でも、英語がペラペラだ、などと言って、英語がとても上手で、話すことにちっとも困らない。外国人と、テレもせず、気後れもせず、堂々と話せることをいう。うらやましいなと思ってしまう。

しかし、ある大学で外国語を学ぶ学生を対象に、あなたは英語がペラペラになりたいか、というアンケートをとったところ、半数以上が、ペラペラになりたくない、自分の意志が伝わる程度でいい、と答えたという。英語がペラペラになるということは、望まれていない。どうしたわけだろうか。

ペラペラというのは、話す内容については問わない。中身がなくても、構わない。

「あの人がねえ、こう言ったのよ。だからあたし、ああだって言ってやったのよ。そしたらさあ、あの人、こうだ、って言うじゃない。あたし思わずああだ、って言いかえしたのね。そしたらさあ、あの人まだ、こうだって言うからさあ、あたし思ったのよねえ、そんなのあれじゃない。だからもう一度、あたし言ったのよ……」

延々と続く。聞かせられている立場として、事実として、二人の間でどのような言葉のやり取りがあったのかを知りたいわけではない。その言葉のやり取りを叙述することによって、結局どのように考えたのか、どのような結論にいたったのかを知りたいと思うのだが、なかなかそこまでいかない。言いたいことがあるに違いないけれど、何を言いたいのか、当人もわかっていない。それで、あったことを、多少の脚色を加えながら、言語化していく。口に出す。口に出す前に少し考えてからにしてほしいと思うのだが、そういうわけにもいかないらしい。

要約してほしい。要点をかいつまんでほしい。しかし、テーマに沿った内容を語りたいわけではなく、語りたいがために語る。語るということ自体が目的であって、そこで伝えられる事柄は、実は重要ではない。

外国語がペラペラにならなくてもいい、と考える学生たちの気持ちが少しわかる。

私たちは、上手にしゃべることに重きを置いていない。訥々《とつとつ》と語る、ということにむしろ魅力を感じてしまう。巧言令色少なし仁、という。そういう言葉を名言だと思ってしまう。男は黙ってサッポロビール、という世界に生きている。

英語がペラペラだ、ということの裏には、よくも恥ずかしげもなくしゃべれるものだ、というような、やっかみ半分の蔑視のようなものまで少し混じっているように思う。それで、前途有望で、これからいくらでも外国語が上手になれそうな若者たちも、話し言葉蔑視文化のなかにあって、たじろいでいる。そんなふうにまでなりたくない。自分の気持ちが伝えられればいいではないか。

しかし、同じような言葉にかかわる擬態語に、スラスラというのがある。ペラペラが話し言葉を流暢に使いこなすことであるのに対して、スラスラは書き言葉を流れるように使いこなす形容である。

スラスラ書く。万年筆でスラスラ書く。また、英語の原書をスラスラ読み解く。

先の、学生対象のアンケートでは、「英語をスラスラ使えるようになりたいですか」という設問がなかったので、わからないから残念なのだが、もしあったとしたら、ペラペラほど評判が悪くなかったのではないかと思う。

日本人は、書き言葉重視文化のなかに生きている。

日本人にとって、書かれた文字は、その読み方よりも、ずっと大切である。人の名前がそうで、戸籍に届け出るとき、文字表記は人名漢字など、厳密な法律規定があるけれど、その読み方、音については、いっさい制限がない。「秀穂」と書いて、「ベッカム」と読んでもいい。「ジョニーデップ」と読んだって構わない。「ツァラトゥストゥラ」などと、日本語の音にはない音を使っても、文句を言われない。

国名もそうで、「日本」であれば、それがニッポンでもニホンでも、どっちでもいいことになっている。その代わり「ニッポん」とか「日ホん」という表記は許されない。民族対立などの特別な事情がない限り、国の名前の読み方が決まっていない国は、たぶん、そんなに多くないだろうと思う。

私も日本人なので、原稿など、スラスラ書けたらいいなあ、と思う。大学の講義などで、ペラペラと、愚にもつかないことをしゃべって時間をつぶすのには慣れている。軽薄でいかんなあ、と自己嫌悪の日々を送っている。

初出
月刊『清流』二〇〇五年五月号〜二〇〇八年四月号

金田一秀穂（きんだいち・ひでほ）
昭和二十八年、東京都生まれ。杏林大学外国語学部教授。東京外国語大学大学院日本語学専攻修了。祖父・京助、父・春彦に続き、日本語研究を専門とする。『「汚い」日本語』『一日歳時記』など、著書多数。

気持ちにそぐう言葉たち

二〇〇九年四月一〇日［初版第一発行］

著者　金田一秀穂

発行者　加登屋陽一
発行所　清流出版株式会社
〒一〇一－〇〇五一　東京都千代田区神田神保町三－七－一
☎〇三－三二八八－五四〇五
振替〇〇一三〇－〇－七七〇五〇〇
http://www.seiryupub.co.jp/
〈編集担当・長沼里香〉
印刷・製本　藤原印刷株式会社

ISBN978-4-86029-290-4